妈祖文化简明读本

林国良　主编

中华妈祖文化交流协会　编

《妈祖文化简明读本》编委会

目录

概述

第一章　家世生平／001

004　第一节　家世渊源
007　第二节　生平介绍
009　延伸阅读
　　　"妈祖"称呼的由来
011　一、从女巫到"神女"
011　二、从"神女"到"灵女"
012　三、从"灵女"到"娘妈"
013　四、从"娘妈"到"妈祖"

第二章　信仰传播／015

019　第一节　祖庙沿革
019　一、宋代庙宇初创
020　二、元代庙宇规模扩大

022　　　三、明清两代庙宇重修扩建

025　　　四、祖庙损毁与重建

027　　第二节　历代褒封

027　　　一、宋代的褒封

029　　　二、元代的褒封

030　　　三、明代的褒封

031　　　四、清代的褒封

037　　第三节　传播轨迹

037　　　一、时间上的传播历程

060　　　二、空间上的传播历程

065　　延伸阅读

065　　　一、妈祖及其宫庙称呼考述

074　　　二、一位致力于弘扬妈祖文化的践行者

083　　　三、林聪治在湄洲妈祖祖庙的"起义"

089　　　四、蔡辅雄先生与湄洲妈祖的三十年因缘

第三章　传说故事／099

103　　第一节　生前传说

103　　　一、妈祖诞降

104　　　二、窥井得符

104 三、机上救亲

106 四、化草救商

107 五、挂席泛槎

108 六、铁马渡江

109 七、祷雨济民

110 八、降伏二神

112 九、恳请却病

113 十、湄屿飞升

115 第二节 灵应故事

115 一、祷神起椗

116 二、枯槎显圣

118 三、朱衣著灵

119 四、温台剿寇

120 五、拯兴泉饥

121 六、神助漕运

123 七、救护郑和

125 八、助收台湾

126 九、涌泉济师

127 十、澎湖助战

129 延伸阅读

妈祖民间故事选登

129 一、巧对策读

132 二、孝子钉石

133 三、耳环救心

134 四、漂流九昼夜 遇救游世界

137　　　五、周立德与空难擦肩而过

第四章　民间习俗／141

144　第一节　祭祀习俗
147　　　一、湄洲祖庙妈祖祭典
151　　　二、深圳"辞沙"祭妈祖大典
153　　　三、浙江洞头妈祖祭典
156　第二节　绕境巡安
158　　　一、湄洲妈祖巡安
161　　　二、大甲妈祖绕境
166　　　三、霞浦"阿婆走水"
168　第三节　谒祖进香
168　　　一、天下妈祖回娘家
172　　　二、仙游龙井宫谒祖进香
175　　　三、枋桥头72庄往鹿港天后宫进香
177　第四节　妈祖庙会
179　　　一、天津皇会
181　　　二、南京妈祖庙会
184　　　三、汕尾凤山妈祖庙会
186　延伸阅读
　　　妈祖信仰习俗简介
186　　　一、妈祖信仰民俗

203　二、海外妈祖祭祀习俗

第五章　艺文欣赏／211

215　第一节　诗咏名篇
215　一、题顺济庙
217　二、白湖庙二十韵
219　三、代祀湄洲天妃庙次直沽作
220　四、御制弘仁普济天妃宫诗
222　五、泊庙岛
223　六、惠济祠
224　七、上海竹枝词
225　八、赛天妃
226　九、天妃尊新建开光偈
226　十、台湾竹枝词（选一首）
227　十一、津门百咏（选一首）
228　十二、台湾北港朝天宫题壁诗
229　十三、应制作顺安汛竹枝词（选一首）
230　十四、台湾竹枝词（选一首）
230　十五、澳门竹枝词（选一首）
231　十六、湄洲祖庙赞
232　第二节　词作选录
232　一、诉衷情·莆中酌献白湖灵惠妃
233　二、忆江南·津门小令（选一首）
234　三、生查子·蓬莱拜天妃庙

234　　　四、浣溪沙·题天后宫

235　第三节　对联集粹

235　　　一、北京宣武区福建会馆天后宫联

236　　　二、福建莆田涂氏家庙天后宫联

236　　　三、天津天后宫联

237　　　四、上海揭普丰会馆天后宫联

238　　　五、重庆市江津县真武场天上宫联

239　　　六、福建莆田湄洲妈祖祖庙联

240　　　七、江苏太仓刘家港天后宫联

241　　　八、江苏淮阴天妃庙联

242　　　九、安徽宿松小孤山小姑庙联

243　　　十、福建福州马江船政局天后宫联

244　　　十一、福建福州螺洲天后宫联

244　　　十二、福建莆田市文峰宫联

245　　　十三、福建泉州鲤城天后宫联

246　　　十四、广东广州天后宫联

247　　　十五、云南昆明天后宫联

248　　　十六、日本长崎崇福寺妈祖堂联

248　　　十七、新加坡星洲天妃庙联

249　　　十八、台湾台北大稻埕慈圣宫联

250　　　十九、台湾台南市大天后宫联

251　　　二十、广州南沙天后宫联

253　延伸阅读
　　　碑记经训文赋选读

253   一、碑记

256   二、天上圣母经

269   三、天后圣母真经说训

272   四、祭文

279   五、赋

第六章　文化要义／285

289   第一节　精神内涵

289   一、立　德

291   二、行　善

293   三、大　爱

296   第二节　文化特征

296   一、平　安

297   二、和　谐

300   三、包　容

302   第三节　社会功用

302   一、精神激励作用

304   二、心理缓释作用

305   三、道德教化作用

306   四、约束惩戒作用

306   五、促进和谐作用

308   第四节　重要意义

308   一、中华民族的文化成果

309   二、华人华侨的情感寄托

311 三、两岸交流的精神纽带

314 四、和平交往的友谊桥梁

315 五、促进发展的宝贵资源

317 延伸阅读
     历代官方对妈祖信仰的诉求

318 一、护国庇民，助顺协正

319 二、抗侮御寇，维护统一

320 三、弘仁普济，福佑群生

320 四、和平女神，结缘两岸

322 附　录

322 一、联合国教科文组织政府间保护非物质文化遗产委员会第四次会议关于"妈祖信俗"列入《人类非物质文化遗产代表作名录》的决议

324 二、"妈祖信俗"列入《人类非物质文化遗产代表作名录》证书

326 编后语

概述

　　妈祖原是宋代湄洲岛一位真实的历史人物，姓林名默，昵称默娘。妈祖生于北宋建隆元年（960）三月二十三日，升化于宋雍熙四年（987）九月初九日，享年28岁。关于妈祖出生地，已知最早的妈祖文献，即宋绍兴特奏名进士廖鹏飞撰《圣墩祖庙重建顺济庙记》一文载：妈祖"姓林氏，湄洲屿人。初，以巫祝为事，能预知人祸福；既殁，众为立庙于本屿"；"神女生于湄洲"。明季以来，又有妈祖出生于莆田贤良港，即忠门港里村一说，其代表文献为清代乾隆年间林清标编著的《敕封天后志》。两说比较，以湄洲出生说更具权威性。

　　关于妈祖的世系、家人和各种妈祖故事，实际都是历代学者和信众逐渐补充完善并取得广大信众认同的。约定俗成的说法是妈祖为莆田"九牧林"林蕴之后裔，父亲林愿任都巡检，母王氏，妈祖是林家最小的女儿，上面还有兄长林洪毅以及五个姐姐。

　　关于"妈祖"称呼来源，学者有多种说法。目前已发现明末清初赴日学者朱舜水和寓日福清黄檗寺僧即非等人的文集中已多次出现"妈祖"称呼，这说明在明末清初那些东渡日本的中国士人、商贾、僧人和船员，已较普遍称呼天妃为"妈祖"。有关"妈祖"称呼的起源时间、地点等问题，尚有待于史料的进一步挖掘和学者的深入研究。

妈祖信仰是经过漫长时间发展而形成的一种民间信仰。宋朝时期，海事活动活跃、航海业开始兴盛，海上丝绸之路启通。福建闽南泉州莆田沿海一带，是朝廷海防要地和重要港口，海上贸易、渔业均甚为发达，货物北运、货物出口不断增多，加上海上剿寇等军事活动，使得海神妈祖显灵的传说得到了广泛的流传，妈祖成为涉波履险，救急解难的海上护航女神和惩恶扬善的正义化身。宋高宗绍兴二十六年（1156）十月，"有司以灵应闻于庙"，封妈祖为"灵惠夫人"，妈祖开始由神女升格为"夫人"，这标志着妈祖由民间祠祀升格为官方正祀。绍熙元年（1190），妈祖因救灾解旱被敕封为"灵惠妃"。自此妈祖被朝廷尊封为"妃"，民间普遍尊称为"圣妃"。元朝建立，定都大都（今北京），官民粮食仰赖江南输运。因运河淤塞，南粮北调主要依靠海上漕运。为保漕运安全，元廷十分重视妈祖的庇护。至元十八年（1281）元世祖封妈祖为"护国明著天妃"，将管理人间海上祸福的神祇擢[zhuó]升为天上尊神，统辖四海，从此确立了妈祖至高无上的海神权威。天历二年（1329），元廷诏谕滨海州郡均应建天妃宫，每年春秋还派员自北而南前往漕运沿途各重要妈祖宫庙致祭，这对推动妈祖信仰向北方拓展，亦至为关键。明代朝廷继续崇奉妈祖，这与明廷海外出使和对外交往活动关系最为密切。洪武五年（1372），明太祖加封妈祖为"昭孝纯正孚济感应圣妃"，这是朝廷第一次正式敕封妈祖为"圣妃"。有记载称永乐宣德年间，郑和七次下西洋遇险都得到妈祖庇佑，护佑其他使团出使的记载也有十多次。南京下关天妃宫是郑和第一次下西洋归来奏准敕建的。明廷不但对妈祖进行褒封，还举行了十多次与出使有关的御祭。清代除在漕运、出使、解旱等方面继续推崇妈祖护佑之功外，还十分重视借助妈祖威灵开展其他海上军事活动，特别是对台湾、澎湖的军事活动。康熙二十三年（1684），康熙皇帝因闻妈祖助战攻取澎台之奏，加封妈祖为"护国庇民妙灵昭应弘仁普济天后"。妈祖的神格上升到了巅峰，此后世界各地的妈祖宫庙就多以"天后宫"命名。

据记载，宋、元、明、清历代王朝，对妈祖至少有36次的褒封，妈祖神格也从宋代的夫人、妃，元明时代的天妃，升到清代的天后，至光绪元年，妈祖封号竟积至64字，成为历代封字最多的女神。此外民间还尊称妈祖为天后圣母、天上圣母。如今，妈祖又被誉称为"海峡和平女神""世界和平女神"。

妈祖信仰，历史已逾千年，随着湄洲妈祖祖庙的恢复以及妈祖研究的不断深入，20世纪80年代后期，学者提出了"妈祖文化"概念。学者认为妈祖神话和相关的民间信仰、风俗习惯等是中华民族文化的组成部分。妈祖文化历史悠久，且早已远播海外，对中外经济、文化交流起过积极的作用，产生过较大的影响。它对外区别于其他民族文化，对内起联系本民族成员的纽带作用，具有民族的内聚力。经过媒体的宣传，妈祖文化这个称呼很快得到了官方和民间的广泛认同。从此，妈祖信仰不但是一种影响广泛的民间信仰，还是内涵丰富的优秀传统文化，值得研究和弘扬。

台湾地区是妈祖文化传播的重镇，早在明末清初，妈祖信仰就随着大陆移民来到台湾，并在宝岛落地生根，成为了台湾社会主要的民间信仰。据学者统计，台湾的妈祖宫庙有三千多座，信众多达1600多万人，约占台湾总人口的三分之二。妈祖文化是一种和谐文化，妈祖成为了台湾超越党派组织、族群意识、社会阶层乃至于区域界限的最有号召力的神灵，在增进族群团结、增强中华民族文化认同感、推动和发展两岸交流交往中发挥出积极的作用，妈祖文化无可争议成为了增进两岸民族感情、增强两岸文化交流和促进两岸经济贸易往来的重要桥梁和纽带。

如今，妈祖文化在海峡两岸交流中发挥其独特文化优势，且随着华侨华人的足迹远播到世界30多个国家和地区，成为了一种世界性的民间信俗文化。2009年9月30日，"妈祖信俗"被联合国教科文组织列入《人类非物质文化遗产代表作名录》，标志着妈祖文化成为全人类共同的文化遗产。

妈祖精神的精髓可归纳为立德、行善、大爱，它们是妈祖文化和妈祖信仰的核心和基础，不仅契合中华民族追求的开放、包容、和谐、安定的社会发展理念，也与人类普遍企求的和谐、和平、博爱精神和世界大同理想相一致。因此，妈祖文化不但是中华民族优秀文化重要组成部分，也是人类文明库中的共同精神财富。目前，随着妈祖文化研究的日益深入，学术界又提出了"妈祖学"概念，它是对"妈祖文化"学科化、学理化、时代化的升华。当前，妈祖学研究方兴未艾，前景广阔。

妈祖文化、妈祖学博大精深，特别是近十年来，海内外大大小小的研讨会，频繁召开，各种大部头文献史料和研究专著，成果迭出。但作为一般妈祖信众，他们要了解的首先是妈祖文化的一些基本知识，如妈祖的家世生平、妈祖信仰的产生与传播概况、妈祖的主要传说故事、相关的重要民俗、艺文以及妈祖文化要义等。鉴于目前尚缺乏这类通俗的简明读本，中华妈祖文化交流协会组织编写了这本读物，以应广大信众了解妈祖文化常识之急需。这本身也是践行妈祖精神和弘扬妈祖文化的实际行动。愿广大妈祖信众、年轻一代多了解一些妈祖文化知识，多学习妈祖的无私大爱精神，传播真善美正能量，为实现国家富强、民族复兴、人民幸福、社会和谐以及世界和平而共同奋斗。

第一章 CHAPTER 1

家世生平

第一章

家世生平

第一章　家世生平

妈祖，姓林名默，昵称默娘，俗称娘妈，是宋建隆元年（960）三月二十三出生在福建莆田湄洲屿的一位神奇女子。她自幼聪颖灵悟；成人后，识天文、懂医理、善舟楫，扶危助困、济世救人，尤其善于在海上拯溺[nì]救难，极受沿海乡亲和渔民的爱戴。宋雍熙四年（987）九月初九日，妈祖因救助海难而去世（传说她功德圆满、羽化升天）。

妈祖以28岁的青春年华，演绎了人间一部真善美的感情史诗。其生平传略，世代相传，影响极广。妈祖的家世渊源和生平介绍，在明代《天妃显圣录·天妃诞降本传》中有专门记载。

第一节　家世渊源

　　林姓是福建望族之一。闽林始祖林禄，在晋代永嘉元年（307）担任黄门侍郎（官名），随琅琊［yá］王司马睿渡江镇守建邺（今南京市）。十年之后，司马睿于建邺登帝位，即东晋元帝。太宁三年（325），林禄奉帝王的命令镇守晋安（今福建省之闽中、闽西和闽南沿海地区，治所在福州）。林禄死后被追封为晋安郡王。

　　林禄的十世孙林茂，于隋代迁居莆田北螺村（今西天尾镇紫霄山一带）。

　　到了十六世孙林披，又迁澄［chéng］渚［zhǔ］（今西天尾镇澄渚村）。林披于唐天宝十一年（752）以明经出身（明经与进士二科为唐朝科举的基本科目。明经就是通晓经学）。林披曾任检校、太子詹事、苏州别驾等官职。他生九子：苇、藻、著、荐、晔［yè］、蕴、蒙、迈、蔇［jì］，先后考中"明经"或"进士"，官职都任到了刺史（即州牧），世称"九牧林"，声名显赫。

　　林蕴，是林披第六子，林禄的十七世孙，唐贞元四年（788）考中明经。贞元十六年（800）时，韦皋［gāo］任四川节度使，聘林蕴为推官（官名。相当于现在地方中级人民法院院长）。后来，唐德宗与韦皋相继病故，由刘辟代为节度使。刘辟想踞地称雄，独霸一方，林蕴坚决反对，刘辟就将林蕴囚禁并动刑，林蕴大声呼喊："危邦不入，乱邦不居，得死为幸。"刘辟感到林蕴非常耿直，就背后嘱咐行

九牧祖祠

天妃顯聖錄

宗命都檢點趙匡徹督戰于高平山保吉與有功

顯德中為統軍兵馬使時劉崇自立為北漢屬世

乃邵州刺史孫六世孫州牧圉公子也五代周

愿宗時九人各授州刺史號九牧林氏曾祖保吉八

天妃莆材氏女也始祖唐林披公生子九俱賢當

天妃誕降本傳

顯祐弘仁徽烈助順福惠普濟明著天妃

歷朝勅封護國輔聖庇民昭孝純正孚濟妙靈昭

　　　　　　　　五七

馬察官而歸隱于莆之湄洲嶼子孚承襲世勳為

福建總管嘗孚子惟慤諱愿為都巡官郎妃父也娶

王氏生男一名洪毅女六妃其第六乳也二人陰

行善樂施濟敬祀觀音大士炎年四旬餘禱念一

子單弱朝久林香夜視天頭得晉徧名宗支慶咸巳

未夏六月望月齋戒慶讚大士當空禱拜日其夫

婦頻甒首持修德好施非敢有妄求惟冀上天鑒

茲至誠早錫佳兒以光宗祧是夜王氏夢大士告

《天妃顯聖錄·天妃誕降本傳》

刑的人用刀磨林蕴的脖颈以威胁他，林蕴怒骂："死就死，我的脖子岂能让顽奴当砺石磨呢！"林蕴临危不惧的英雄气概，震撼了刘辟，刘辟深知吓不倒林蕴，于是将他贬为唐昌尉。后来，刘辟叛乱失败，林蕴乘机逃回京城。此时正值李吉甫、李绛、武元衡、张弘靖相继当宰相，林蕴又直言上书指出当世的弊病。到了元和十三年（818），沧景节度使程权聘林蕴担任书记（旧时指从事公文工作的人）工作，林蕴劝程权献上四川版图，归顺大唐，林蕴为此立了大功，最终官至邵州刺史。林蕴是一个忠义之士，因其忠节，自唐起有"一门忠节"之称。唐咸通十年（869），朝廷追封林蕴为"忠烈"。五代时，其子孙在莆田湄洲湾北岸浮州埔建立"忠烈坊"，俗称"忠烈门"，"忠门"地名由此而来。林蕴的后裔世居忠门、港里、吉了、莆禧和湄洲等地。

妈祖的高祖林圉[yǔ]、曾祖父林保吉、祖父林孚[fú]、父林愿（字惟悫[què]）四人，在《天妃显圣录》中有明确叙述：妈祖的曾祖父林保吉，是邵州刺史林蕴的六世孙——州刺史林圉的儿子，在五代周世宗显德元年（954）担任统军兵马使。当时刘崇自立为北汉，周世宗命都点检赵匡胤战于高平山，并取得胜利，林保吉也立了功。后来，林保吉因年迈辞官，隐居在莆田湄洲屿。林保吉的儿子林孚承袭上辈的功勋，当上福建总管。林孚的儿子林愿，即妈祖的父亲，为都巡检也就是巡海官。据此推算起来，妈祖出生于福建莆田名门望族"九牧林"世家，是唐代"九牧林"始祖林披的第十一代孙女。

第二节 生平介绍

妈祖的父亲林愿在五代时任都巡检官，娶妻王氏，生一男（名洪毅）与六女，妈祖是其第六个女儿。夫妇二人平日乐善好施，积累恩德。

林愿40多岁时，已生有一男五女。当时海难经常发生，惟愿夫妇担心一子单传，若遇海难，香火不继，就经常向上苍祈祷再赐一个聪明的儿子。六月中旬的一个夜晚，夫妇二人虔诚地向观音大士祷拜。当晚，王氏梦见观音大士告诉她说："你一家行善积德，现赐你丹丸一粒，服下它，就会有慈惠的恩赐。"不久，王氏就有了身孕。

到了第二年，宋太祖建隆元年（960），农历三月二十三日傍

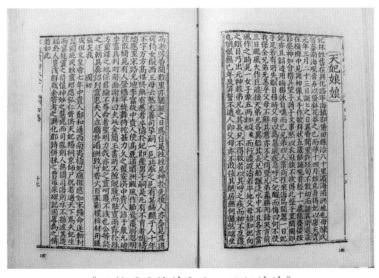

《三教源流搜神大全·天妃娘娘》

晚，只见一道红光从西北射入林家卧室，光辉夺目；顿时，满室迷漫着奇异的香气，久久不散。不一会儿，王氏肚子阵痛，生下了妈祖。众乡亲闻讯纷纷前来围观，无不惊奇。惟悫夫妇见所生的是女孩，大失所望。然而，妈祖因生得奇异，父母也十分疼爱她。妈祖从出生到满月，从来不啼哭，于是，就取名叫"默"。

妈祖从小就聪慧过人，不同于其他女孩。五岁时就能背诵《观音经》。八岁时开始从塾师学习，读书总能过目成诵，而且能理解文字的义旨。受其父母崇佛的影响，妈祖十多岁时就常静坐一室，诵经礼佛。

13岁时，有一位玄通老道士经常往来她家，见妈祖乐善好施，聪慧伶俐，就传授她"玄微秘法"。妈祖依法修炼，均能领悟其中要旨。

16岁时，妈祖开始细心研读天文地理知识，尽悉奥妙，对海上的气候变化未卜先知。每逢风暴来临之前，她便预先告诉乡亲，从而避免了很多海难发生。

妈祖17岁时，兄长林洪毅在一次出海中遇难，失去亲人的悲痛，让妈祖更加深刻地体会到海上生活的艰辛和危险。从此，妈祖立下夙[sù]愿，以拯救海难为己任，开始她救苦救难的神奇生涯。她常常驾驶小船穿渡于各个岛屿之间，救护危难中的船家渔夫。船家渔夫或遇恶风险浪，或遭沉船覆舟，生死关头总获妈祖相助，终化险为夷。

妈祖能预示天气的变化，还教人们防疫避灾的方法，为民消灾解难，治病救人，普度众生，给无助的人们带来很多帮助。21岁时，莆田大旱，山川焦涸，她为百姓祷雨。25岁时，众亲人已多次力劝妈祖出嫁，但她早已心系百姓安宁，以拯救苍生为重，矢志不嫁。

宋太宗雍熙四年（987）农历九月初九，妈祖在一次救助海难中英勇献身，享年28岁。民间传说妈祖是道行圆满，重阳节那天告别亲人，登上湄洲屿最高处羽化升天了。人们感念妈祖，于是就在湄洲山上（今祖庙山）建庙宇，将她当作神来奉祀，希望她永留人间，庇佑平安。

此后，更有许许多多有关妈祖显灵示验、护国庇民的故事流传于世。

妈祖一生虽然短暂，但因其集"真、善、美"于一身的崇高精神和高尚品质，千百年来广受世人的敬仰和崇拜，成为人们心目中的伟大女神、平安女神、和平女神。

延伸阅读

"妈祖"称呼的由来

妈祖文化发展至今已有千年历史了。然而，"妈祖"这一称呼并非原来就有，而是在妈祖信仰发轫[rèn]以后，经过漫长的历史演变过程而产生的。如果说"夫人——妃——天妃——天后"是妈祖褒封称号的递变系列的话，那么"神女——灵女——娘妈——妈祖"则是这尊女神的民间称呼的递变系列。

妈祖像

妈祖圣驾

一、从女巫到"神女"

宋人关于妈祖由巫到神的出身记载,口径是一致的。如南宋绍兴二十年(1150)廖鹏飞《圣墩祖庙重建顺济庙记》中有载:"初,以巫祝为事,能预知人祸福;既殁[mò],众为立庙于本屿。"与之同时代的南宋状元黄公度《题顺济庙诗》有云:"平生不厌混巫媪[ǎo],已死犹能效国功。"绍熙三年(1192)《莆阳志》有载:"(神)本湄洲林氏女,为巫,能知人福祸,殁而人祠之。"元代诗人洪希文《题圣墩妃宫》诗称:"银楼玉阁是官府,忠孝许入巫咸班。"这些资料明确指出妈祖生前是一位巫女。不过要说明的是,那时的"巫"并非后来装神弄鬼的"巫婆"可比。"巫"在当时有一定的社会地位,主管奉礼天帝鬼神,为人祈福消灾之事,并兼事占卜、星历之术,甚至也懂医术。可以想象,妈祖生前是一位巫女,是合乎历史事实的。

妈祖被称为"神女",是妈祖去世后才有的称呼。如见廖鹏飞之文:"独为女神人者尤灵,世传通天神女也"。宋嘉定二年(1209)李俊甫《莆阳比事·神女护使》:"湄洲神女林氏,生而神异,能言人休咎[jiù],死庙食焉。"宋绍定三年(1230)丁伯桂《顺济圣妃庙记》:"神,莆阳林氏女,少能言人祸福,殁号通贤神女。"

二、从"神女"到"灵女"

妈祖由"神女"改称"灵女"最早出现于明正统九年(1444)纂[zuǎn]修的莆田《南渚林氏族谱》上。莆田"九牧林"的长房苇公六世孙杭公从祖房澄渚村南迁到莆田沿海，称迁入地为南渚。《南渚林氏族谱》分为上、下二卷，上卷收录闽始祖至九牧衍派的世系和部分诗文资料，下卷详列以南渚始祖杭公为首各房世系。谱中特立《灵女》一条。

为什么要将"神女"改为"灵女"，可能是"神女"之称多少带有仙家之意。故把"神女"改称为"灵女"收入宗谱，就是认为妈祖是实在的人、聪明的人。这是林氏族人第一次承认妈祖是本家族的一个女孙。

"灵女"出现在林系族谱之后，明末编纂的《天妃显圣录·天妃诞降本传》则增加二字为"通贤灵女"。虽然传于莆田，但它毕竟反映了一种史实，"灵女"这个名称在妈祖名称系列里占有重要位置。"灵女"比"神女"更富有平民性。

三、从"灵女"到"娘妈"

"娘妈"的称呼文字记载最早见于明嘉靖四十年（1561）的郭汝霖的《使琉球录》，该书记载：使船从琉球国返归中国，途中遇到飓风，有一船工扶乩[jī]问救于天妃，所降文曰："有命之人，可施拯救。钦差心好，娘妈保船都平安也。"可见当时航海的船员已普遍称天妃为"娘妈"。16世纪开始，中国船员普遍称呼天妃为"娘妈"的事实，还可以从许多西方人的著作中获得佐证。

明代中期，沿海一带的渔民普遍使用"娘妈"这一称谓，这在各种史料记载中也有充分的反映。如明万历年间吴还初所著小说书名就叫《天妃娘妈传》。明代许多地方都把天妃宫叫做娘妈宫，并且以"娘妈"为地名。在台湾此类很多，如明人沈国元《两朝从信录》和清初江日升《台湾外志》中都把澎湖天妃庙记录为娘妈宫。在明清莆田沿海一带，更有女子出嫁时必随嫁一尊"娘妈像"，以保夫家平安的乡土民俗。

四、从"娘妈"到"妈祖"

从"娘妈"再改称为"妈祖"，当是发端于明末清初。两岸妈祖学者已发现明末清初赴日学者朱舜水和寓日福清黄檗寺僧即非两人文集中多次使用"妈祖"称呼。如朱舜水（1600-1682）在《问答四（笔语）·答小宅生顺问六十一条》中记载："问：'向所谕妈祖、关帝，顺未知之，抑何神哉？'答：'妈祖者，天妃也，专管海道之神。舟船东西洋往来，是其职司'。"又如即非如一（1616-1671）在1671年5月6日临终前写下的六则规条中，第一条为："三宝伽蓝、妈祖香灯及旦辰年节，供养如常。"这说明在明末清初那些东渡日本的中国士人、商贾、僧人和船员，已较普遍称呼天妃为"妈祖"。此后赴台官员的文章中出现"妈祖"称呼的记载就更常见了。如郁永河《海上纪略》（1697年后成书）："海神惟马祖最灵，即古天妃也……船中忽出燝[jué]火如灯光升樯而灭者，舟师谓是马祖火，去必遭覆败，无不奇险。船中例设马祖棍，凡值大鱼水怪欲近船，则以马祖棍击船舷，即遁去。"郁永河所记"马祖"就是闽南话"妈祖"的同音写法。又如康熙间任台湾府同知的孙元衡在所作《飓风歌》中也有"名妈祖棍，可驱水怪"的记述。关于"妈祖"的来历，有的学者认为源于"娘妈之祖"。湄洲这座娘妈庙是世界上所有娘妈庙之先祖，而其他所有娘妈庙都是祖庙的分灵或再分灵庙。台湾有的庙把娘妈神像按进庙先后分一妈、二妈、三妈……而又把"一妈"称为"祖妈"。

（摘自：蒋维锬著，《妈祖研究文集》，海风出版社2006年。略有删减、修改。）

第二章 信仰传播 CHAPTER 2

第二章

信仰传播

第二章　信仰传播

莆田是妈祖文化发祥地，湄洲是世界妈祖信众的朝圣中心。湄洲岛上的这座世界上最早的妈祖庙宇无疑就是天下妈祖宫庙的祖庙，宋代文学家刘克庄在诗中赞道："灵妃一女子，瓣香起湄洲。"湄洲妈祖祖庙的至尊地位是历史形成的。

从宋高宗绍兴二十六年（1156）封妈祖为"灵惠夫人"起，经宋、元、明、清四个朝代，妈祖至少受到36次褒封。封号的规格自夫人、妃、天妃、天后直至被尊称为天后圣母、天上圣母。当代，妈祖还被誉为"海峡和平女神""世界和平女神"。

历经千年传播，妈祖文化已发展成为闪耀着中华文化光辉的世界性文化，充分体现出其强大的生命力和感召力。清代进士庄俊元以诗的语言对妈祖声名作了概括："宋代坤灵播，湄洲圣迹彰。至今沧海上，无处不馨香。"综观妈祖信仰的传播历程，大致可分为宋代起源、元代拓展、明代远播、清代鼎盛、民国存续与现代复兴等六个时期；从传播空间上来看，整体传播态势是由近及远、由疏及密、由本土及区域外，传播区域基本上可分为福建本土、大陆沿海、大陆内地和海外远洋四大层次。

在妈祖文化传播的不同时期，存在着一个共同的规律，那就是妈祖文化与当时的社会背景和人们的思想观念存在着密切的联系，与当时的社会经济、政治生活和文化背景等各个因素相互融合、密不可分。

本章从祖庙沿革、历代褒封、传播轨迹三个方面来叙述和揭示妈祖文化的起源、传播与发展的历史进程。

第一节　祖庙沿革

一、宋代庙宇初创

关于妈祖和湄洲祖庙的记载，以南宋绍兴间特奏名进士廖鹏飞所撰的《圣墩祖庙重建顺济庙记》为最早，文中记载："世传通天神女也。姓林氏，湄洲屿人。初，以巫祝为事，能预知人祸福；既殁，众为立庙于本屿。"这段话十分简略，但十分准确，对妈祖这个人的存在，这个人的身世，这个人的神化，尤其是神化后立庙奉祀，都说得明明白白。"既殁，众为立庙于本屿"，说的就是宋雍熙四年（987）九月初九，妈祖在一次拯救海难中英勇献身，民间传为在湄洲登高羽化，群众很快就在湄洲屿上为她建立庙宇，将她当作神来奉祀，这个庙就是最原始的湄洲祖庙。初时，这个庙十分小，十分简陋。当时的人形容其庙仅"落落数椽"，但前来烧香祈祷的人却是不少，每天从早至晚，络绎不绝。

随着妈祖的影响不断扩大，人们也希望湄洲祖庙能不断扩大。"众为立庙于本屿"的数十年后，有一个叫三宝的客商，在得到妈祖庇佑后，按允诺还愿捐资，重建庙宇，使原先的祠庙焕然改观。这是有记载的第一次祖庙扩建。随后，在宋天圣年间（1023-1032），妈祖神光屡现，信众更加感到灵异，就再次对祖庙进行扩建。这次扩建系民间自发，群众集资，扩建后整个庙宇、廊庑[wǔ]更加巍峨壮观。

湄洲祖庙在宋代扩建到何种程度，我们可以从当代考古发掘中得到答案。据1987年考古调查，宋代祖庙遗址就在现建筑正殿西南约5米处。在发掘的文化层中，采集到宋砖、鸱[chī]尾、牡丹纹瓦当、筒瓦和青瓷片等遗物，由此推断，当时祖庙建筑已有一定规模。

二、元代庙宇规模扩大

到了元代，大量的粮食要从南方通过海上漕运调到元大都（今北京），而漕运安全需要仰赖海神妈祖的庇护。于是在至元十八年（1281），朝廷为妈祖升格，在宋代封号"夫人""妃"的基础上下诏[zhào]加封妈祖为"护国明著天妃"，这是一次里程碑式的褒封，对后世影响巨大，对湄洲祖庙的影响也是巨大的。从此妈祖宫庙号称"天妃庙""天妃宫"。

元天历二年（1329），以妈祖庇护漕运有功特下诏加封为"护国庇民广济福惠明著天妃"，赐庙额曰"灵慈"，朝廷命令翰林直学士布雅实里、艺文太监宋本往天津直沽、平江、昆山、杭州、泉州等15个地方的天妃宫致祭（祭奠），其中包括莆田湄洲祖庙。这是皇帝特使第一次到湄洲祖庙致祭，对祖庙的建设有重大意义。为了迎接朝廷命官，祖庙又经历一次整修，这可以从当年参加朝拜的莆田诗人洪希文所作的《湄洲屿》一诗中得到印证。其诗句"殿阁碑[lù]兀鱼龙间""面势轩豁规层澜""粉墙丹柱辉掩映，华表耸突过飞峦"，把一个规模宏敞、错落有致的祖庙实景，真切地表现出来。

元元统元年（1333），朝廷又命令中书省断事官床兀儿、翰林修撰宋褧[jiǒng]再到13个天妃宫致祭，包括湄洲祖庙在内。朝廷在

湄洲妈祖祖庙旧照（1922年）

湄洲妈祖祖庙旧照（1930年）

短短数年间两度到湄洲祖庙"谕祭",足见湄洲祖庙的地位之高。此后,至正九年(1349),诏命翰林直学士张翥[zhù]、直省舍人彰实到湄洲等天妃庙致祭,张翥还创作《代祀湄洲天妃庙次直沽》《湄洲屿》等诗以纪此行。诗中有"云雾衣裳集殿庭"等句,同样说明此时湄洲祖庙的建筑规模相当壮观。

三、明清两代庙宇重修扩建

应该说,明清两代是湄洲祖庙发展的全盛时期。期间,史有记载来湄洲祖庙"谕祭"的就有15次,来湄洲祖庙主持重修的有十多次,有时候甚至是"谕祭"与"重修"同时进行。

明洪武七年(1374),泉州卫指挥使周坐主持重修湄洲祖庙,工程包括重修寝殿、香亭、鼓楼、山门,重塑神像。经过重修,祖庙规模进一步扩大。接着又有一位姓张的指挥使倡建祖庙朝天阁。

洪武十八年(1385),兴化卫官员吕德因感神灵显赫,遂捐资于湄洲祖庙创建观音堂。

明永乐初,郑和与王景弘下西洋后,便"奉旨遣官整理祠庙"。永乐五年(1407),郑和第二次下西洋,因感天妃此前显灵庇护而指令兴化府重修湄洲祖庙。这次重修借官府力量进行,其规模不小。两年后郑和凯旋,上奏下西洋途中获得妈祖神助的事迹,后奉旨亲自到湄洲祖庙致祭。由于郑和的身份特殊,又是他刚命令兴化府重修祖庙之后,所以这次谕祭的场面十分隆重,意义非同一般,成为湄洲祖庙历史上的重要事件之一。

湄洲妈祖"升天古迹"

永乐十六年（1418），内官张谦往古麻剌[là]朗（今菲律宾棉兰老岛西南部）出使，平安归来，奉旨到湄洲祖庙致祭，并有地方官员随同陪祭。

永乐十九年（1421），内官王贵通出使西洋还，奉旨到湄洲祖庙，整修庙宇，并备礼致祭。

宣德五年（1430），钦差内官杨洪出使诸外国得天妃庇护，奉旨到湄洲祖庙致祭。

宣德六年（1431），郑和第七次下西洋前，再次到湄洲祖庙致祭。这次谕祭比上次更隆重。《天妃显圣录》载："钦差正使太监郑和领兴（化）平（海）二卫指挥千百户并府、县官员，买办木石，修整庙宇，并御祭一坛。"

明末清初，湄洲祖庙出现了第一位学问僧，即住持僧照乘。他在主持祖庙时做了一件流传后世的事——编修《天妃显圣录》。

康熙十九年（1680），钦差礼部员外郎辛保等，携带香帛到湄洲祖庙致祭。

康熙二十年（1681），福建总督姚启圣倡建湄洲祖庙钟鼓楼；过了两年，姚启圣又到湄洲，这次他决定"大辟宫殿"，就是要对祖庙建筑进行大改造、大添置。他亲上《祈祷疏文》，请妈祖"裁定"将原有的朝天阁改建为正殿，为了与钟鼓楼、山门形成中轴线，而把原正殿改为寝殿。姚启圣掷得"三圣杯"，妈祖同意，工程顺利进行，一座新的正殿矗立在钟鼓楼正中上方。因姚启圣时任太子太保（官职），人们敬称"太子公"，所以，就将他这次主持改建的正殿称为"太子殿"，意为太子公建的殿，此名称一直流传至今。

康熙二十三年（1684），钦差礼部郎中雅虎携带香帛到湄洲祖庙致祭；与此同时，靖海侯施琅因攻克并收复台湾得妈祖神助，题奏朝廷晋封妈祖，并亲往湄洲祖庙重建朝天阁，增建梳妆楼、佛殿、僧房。此后又陆续增建观音亭、中军殿、土地庙等。

从康熙二十年到二十三年，短短数年间，湄洲祖庙得到了福建总督姚启圣和靖海侯施琅的大规模重建、改建。他们位高权重，资金充足，修建工程进展顺利。经过这几年的修建，湄洲祖庙已拥有正殿、偏殿等5座主祀庙宇，16座殿堂楼阁，99间斋舍客房。整个建筑群依山而筑，金碧辉煌，巍峨壮观，俨然"海上龙宫"。

此后的康雍乾时代，直至清末，朝廷或遣官到湄洲致祭，或赐匾额对联，湄洲祖庙的地位得到巩固和提高，祖庙也一直保持"庙宇巍峨"的状态。当然，中间也不断修缮，如，清光绪年间闽浙总督何璟就主持过一次重修，但庙貌总体不变。

四、祖庙损毁与重建

民国初期，湄洲祖庙出现一次危机，差点被拆毁。那是1929年民国政府颁布法令，禁止所有神庙活动，全国的许多神庙被拆，湄洲祖庙也在令拆之列。此时，莆田和闽侯九牧林氏族绅分别向福建省民政厅呈请，陈述妈祖懿德，要求保存湄洲祖庙。省民政厅批复："准予备案。惟天后宫名称应改为林孝女祠。"同时还呈报南京国民政府内政部，"令各省、县转饬所属，凡有前项神祠，应予一律保存"。这就使湄洲祖庙面临的危机终被化解，各地的天后宫得以保存。此事说明，即使在民国时期，湄洲祖庙仍能作为特例，予以保存，足见妈祖的影响力巨大。也正因如此，后人仍能从珍贵的照片上看到湄洲祖庙从清代一直延续下来的原貌。台湾鹿港天后宫主管施性瑟于1922年率进香团抵湄洲祖庙谒祖，并特地从泉州请来摄影师摄下一组照片。这是已知现存最早的湄洲祖庙原貌照片，弥足珍贵。

湄洲祖庙从民国，到1949年中华人民共和国的建立，几十年来风风雨雨，总体伤害不大。至1964年还有海外侨胞重修湄洲祖庙的记载。"文化大革命"爆发后，到1969年，湄洲祖庙除中军殿和圣父母祠外，其余殿阁被拆毁。

1976年10月，"文化大革命"结束。1978年，中国迎来改革开放的春天，湄洲祖庙也随之重兴。自1978年起，湄洲岛上十多位妈祖信众在林聪治带领下，自筹资金、建材，自带工具，在祖庙废墟上重建寝殿。后来加入重建的人越来越多，力量越来越大，并渐渐得到政府的支持和帮助。寝殿修好后，林聪治等人就将之前被民间暗藏的妈祖神像请回寝殿供奉，香火也逐渐旺了起来。1987年农历九月初九是妈祖"升天"1000年的纪念日，湄洲祖庙举行隆重的"妈祖千年祭"。此前，已着手修建的第二座殿——正殿（俗称"太子殿"），于妈祖千年祭之前完工。千年祭那一天，台湾大甲镇澜宫首次组团来湄洲祖庙朝拜，他们是绕道日本来中国大陆的，这是两岸隔绝近40年以来，第一个到湄洲祖庙朝拜的台胞朝圣团。过了3天，台湾当局宣布"开禁"，允许台湾同胞回大陆探亲，当然也包括来湄洲祖庙谒祖朝圣、寻根溯源。

"妈祖千年祭"是湄洲祖庙重建复兴的一个转折点，从此以后，湄洲祖庙建设步入快速发展的阶段。按照专家提出的湄洲祖庙总体规划，湄洲祖庙陆续修建了钟鼓楼、朝天阁、升天楼、圣旨门（仪门牌坊）、升天亭、山门、圣父母祠、梳妆楼、妈祖石雕像、观音殿、佛殿、中军殿、五帝庙、龙凤亭、头道大牌坊、两廊、戏台等；此外，还修建了一些附属建筑，如：香客山庄、爱乡亭、观日亭和妈祖纪念馆、餐厅、办公楼等等。至1994年，湄洲祖庙西轴线建成。1998年，南轴线又开工，至2002年建成。近年又新建了天妃故里遗址公园、妈祖文化影视园，雕塑了世界上最大的翡翠妈祖像、湄洲妈祖金像等。湄洲祖庙以前所未有的宏伟身姿，屹立于天下名庙之林，既

湄洲祖庙西轴线全景

展现圣地的壮丽辉煌，又不失其厚重的历史积淀，成为全球妈祖信众的朝圣中心和八方游客的文化旅游胜地。

第二节　历代褒封

一、宋代的褒封

妈祖第一次得到朝廷的确认与褒奖，是宋宣和五年（1123）赐封的"顺济"庙额，赐封原因是妈祖在宋徽宗宣和五年庇护给事中（官职）路允迪等出使高丽国（朝鲜）安全归返。妈祖得到朝廷的褒封，则是从南宋绍兴二十六年（1156）开始，被赐封为"夫人"；在南宋绍熙三年（1192），又升格被封为"妃"。

宋朝对妈祖褒封共13次，其封号列述如下：

宋高宗绍兴二十六年（1156），封灵惠夫人。

宋高宗绍兴三十年（1160），封灵惠昭应夫人。

宋孝宗乾道三年（1167），封灵惠昭应崇福夫人。

宋孝宗淳熙十一年（1184），封灵惠昭应崇福善利夫人。

宋光宗绍熙三年（1192），封灵惠妃。

宋宁宗庆元四年（1198），封灵惠助顺妃。

宋宁宗嘉定元年（1208），封灵惠助顺显卫妃。

宋宁宗嘉定十年（1217），封灵惠助顺显卫英烈妃。

宋理宗嘉熙三年（1239），封灵惠助顺嘉应英烈妃。

宋理宗宝祐二年（1254），封灵惠助顺嘉应英烈协正妃。

宋理宗宝祐三年（1255），封灵惠助顺嘉应慈济妃。

宋理宗宝祐四年（1256），封灵惠嘉应协正善庆妃。

宋理宗景定三年（1262），封灵惠显济嘉应善庆妃。

宋朝对妈祖褒封，主要是以妈祖护国保家、御灾济民的有关显灵神迹为依据的。妈祖是当时被宋朝赐封次数最多的一位民间神祇。

妈祖之所以能够得到宋王朝如此推崇，有着政治、经济及文化等方面的原因。从宋朝对妈祖13次褒封的封号"灵惠、崇福、助顺、善利、嘉应、慈济、协正、善庆"中可以看出，妈祖神迹涉及的范围是多方面的，不仅具有抗旱、治疫、祛病、解饥荒的本领法力，而且还有助破海寇、抵御外族侵入的神功。这些说明，在南宋时期，人民饱受外患内乱、天灾人祸之苦，他们更为渴望的是一个平安、和顺的社会生活环境。

二、元代的褒封

元朝对妈祖信仰极为隆崇，将妈祖封号升格为"天妃"，这是妈祖文化发展史上的一个里程碑。"天妃"之号的授予，使妈祖的影响力扩展到中国沿海各地，其最高海神的地位进一步确立。

元朝对妈祖褒封共5次，其封号列述如下：

元世祖至元十八年（1281），封护国明著天妃。

元成宗大德三年（1299），封护国庇民明著天妃。

元仁宗延祐元年（1314），封护国庇民广济明著天妃。

元文宗天历二年（1329），封护国庇民广济福惠明著天妃。

元惠宗至正十四年（1354），封号辅国护圣庇民广济福惠明著天妃。

元朝对妈祖褒封，主要是以妈祖护佑南北漕运的有关显灵神迹为依据的。元大都（今北京）是当时全国政治、经济、文化和军事的中心，人口激增，而粮食和其他生活必需品的供应，则多依赖于富饶的南方。元代初期主要是利用大运河进行南北漕运，到元至元三十年（1293），则改由海道运粮北上。为了保护漕运安全，保证船运平安

"护国庇民"匾额

慈航，作为海神的妈祖就自然受到元代朝廷的格外重视。因此，元代对妈祖的褒封，其目的是出于政治、经济的需要，封号重点放在"护国、庇民、辅圣、广济"等上面。

三、明代的褒封

明朝建立之初，东南沿海，倭[wō]祸猖獗，许多地方的经济遭到破坏，人民百姓惨遭杀戮[lù]。为此，明朝实行海禁政策，甚至禁止渔民下海捕鱼，规定民间不许私造海船，不许到海外经商。在这种情况下，妈祖信仰受到一定的抑制。到了明成祖时，妈祖信仰才不断在国家外交海事活动中受到重视。

明朝对妈祖褒封两次，其封号列述如下：

明太祖洪武五年（1372），封昭孝纯正孚济感应圣妃。

明成祖永乐七年（1409），封护国庇民妙灵昭应弘仁普济天妃。

湄洲祖庙的弘仁普济天妃殿

（注：明代还有一次南明弘光帝的褒封，即崇祯十七年（1644）的"安定慈惠"封号，此时清朝已入关，为顺治元年。故清廷不把此次褒封载入典籍。）

明朝对妈祖褒封，主要是以妈祖护佑航海的有关显灵神迹为依据的。郑和下西洋是明代妈祖信仰发展的重要契机。郑和七次下西洋途中，都有遇险受到妈祖庇护而脱险的记载。正是郑和出使西洋第二次归来，上奏得到妈祖保佑，明成祖才将妈祖的封号从明初的"圣妃"升格为"天妃"。"圣妃"之号虽然高贵，但还是属于人间的封号，而"天妃"之号，则是专属于神灵的封号，从而达到了明代赐封的最高点。

尽管明朝对妈祖的褒封次数只有两次，但对妈祖神迹的记载却比宋、元两朝都多，遣官祭祀的次数也多，单单与出使外邦遇险得到妈祖神助的有关御祭就达14次之多。

四、清代的褒封

清朝的海洋政策比之明朝有了很大的变化，宣扬妈祖神威的声势和规模大大超过了宋、元、明三个朝代。为了提高妈祖神威，清廷对官员上奏妈祖灵应而要求晋封妈祖为天后以及春秋致祭等事项，都给予许可。清朝是妈祖文化发展史上的鼎盛时期。

清朝对妈祖褒封16次，其封号列述如下：

清圣祖康熙十九年（1680），封护国庇民妙灵昭应弘仁普济天妃。

清圣祖康熙二十三年（1684），封护国庇民妙灵昭应弘仁普济天后。

清世宗乾隆二年（1737），封护国庇民妙灵昭应弘仁普济福佑群生天后。

清世宗乾隆二十二年（1757），封护国庇民妙灵昭应弘仁普济福佑群生诚感咸孚天后。

清世宗乾隆五十三年（1788），封护国庇民妙灵昭应弘仁普济福佑群生诚感咸孚显神赞顺天后。

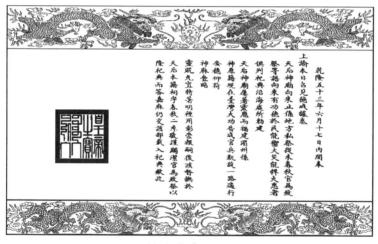

乾隆皇帝圣旨

清仁宗嘉庆五年（1800），封护国庇民妙灵昭应弘仁普济福佑群生诚感咸孚显神赞顺垂慈笃[dǔ]祜[hù]天后。

清道光六年（1826），封护国庇民妙灵昭应弘仁普济福佑群生诚感咸孚显神赞顺垂慈笃祜安澜利运天后。

清宣宗道光十九年（1839），封护国庇民妙灵昭应弘仁普济福佑群生诚感咸孚显神赞顺垂慈笃祜安澜利运泽覃海宇天后。

清宣宗道光二十八年（1848），封护国庇民妙灵昭应弘仁普济福佑群生诚感咸孚显神赞顺垂慈笃祐安澜利运泽覃海宇恬波宣惠天后。

清文宗咸丰二年（1852），封护国庇民妙灵昭应弘仁普济福佑群生诚感咸孚显神赞顺垂慈笃祐安澜利运泽覃海宇恬波宣惠导流衍庆天后。

清文宗咸丰三年（1853），封护国庇民妙灵昭应弘仁普济福佑群生诚感咸孚显神赞顺垂慈笃祐安澜利运泽覃海宇恬波宣惠导流衍庆靖洋锡祉天后。

清文宗咸丰五年（1855），封护国庇民妙灵昭应弘仁普济福佑群生诚感咸孚显神赞顺垂慈笃祐安澜利运泽覃海宇恬波宣惠导流衍庆靖洋锡祉恩周德溥[pǔ]天后。

清文宗咸丰五年（1855），封护国庇民妙灵昭应弘仁普济福佑群生诚感咸孚显神赞顺垂慈笃祐安澜利运泽覃海宇恬波宣惠导流衍庆靖洋锡祉恩周德溥卫漕保泰天后。

清文宗咸丰七年（1857），封护国庇民妙灵昭应弘仁普济福佑群生诚感咸孚显神赞顺垂慈笃祐安澜利运泽覃海宇恬波宣惠导流衍庆靖

"神昭海表"御匾

洋锡祉恩周德溥卫漕保泰振武绥疆天后。

清穆宗同治十一年（1872），封护国庇民妙灵昭应弘仁普济福佑群生诚感咸孚显神赞顺垂慈笃祐安澜利运泽覃海宇恬波宣惠导流衍庆靖洋锡祉恩周德溥卫漕保泰振武绥疆嘉佑天后。

清德宗光绪元年（1875），封护国庇民妙灵昭应弘仁普济福佑群生诚感咸孚显神赞顺垂慈笃祐安澜利运泽覃海宇恬波宣惠导流衍庆靖洋锡祉恩周德溥卫漕保泰振武绥疆嘉佑敷仁天后。

清朝对妈祖褒封，主要是以妈祖辅助舟师征战、统一疆土的有关显灵神迹为依据的。与宋、元、明代相比，清代对妈祖的褒封，次数最多、规格最高、字数最多，也最有规则。规格最高，指加封妈祖为"天后"，"天后"为最高封号；字数最多，指封号字数多达64字；最有规则，指虽然封号字数多，但能按承继顺序有序增加。

道光年间，朝廷还赐给湄洲妈祖祖庙一方"湄洲祖庙，天上圣母，护国庇民，灵宝符笈"的印玺[xǐ]，故后来妈祖也有"天上圣母"尊称。

附表：

历代朝廷褒封一览表

朝代	年代	封号	褒封事由	主要依据
南宋	绍兴二十六年（1156）	灵惠夫人	郊典	《宋会要》
	绍兴三十年（1160）	灵惠昭应夫人	迷雾歼海寇	丁伯桂《顺济圣妃庙记》

	乾道三年（1167）	灵惠昭应崇福夫人	圣泉救疫	《宋会要》、丁伯桂《顺济圣妃庙记》
南宋	淳熙十一年（1184）	灵惠昭应崇福善利夫人	助捕温台寇	《宋会要》、丁伯桂《顺济圣妃庙记》
	绍熙元年（1190）	灵惠妃	救旱灾	楼钥《攻愧集》
	庆元四年（1198）	灵惠助顺妃	救潦灾、平大奚民变	丁伯桂《顺济圣妃庙记》
	嘉定元年（1208）	灵惠助顺显卫妃	淮甸抗金	丁伯桂《顺济圣妃庙记》
	嘉定十年（1217）	灵惠助顺显卫英烈妃	救旱、平海寇	丁伯桂《顺济圣妃庙记》
	嘉熙三年（1239）	灵惠助顺嘉应英烈妃	钱塘遏潮助堤	咸淳《临安志》
	宝祐二年（1254）	灵惠助顺嘉应英烈协正妃	救旱、赈兴泉饥	程端学《灵济庙事迹记》
	宝祐三年（1255）	灵惠助顺嘉应慈济妃	未载具体事由	程端学《灵济庙事迹记》
	宝祐四年（1256）	灵惠嘉应协正善庆妃	钱塘堤成	刘克庄《风亭新建妃庙》
	景定三年（1262）	灵惠显济嘉应善庆妃	胶舟捕海寇	程端学《灵济庙事迹记》
元代	至元十八年（1281）	护国明著天妃	庇护漕运	宋渤《顺济庙记》
	大德三年（1299）	护国庇民明著天妃	庇护漕运	程端学《灵济庙事迹记》

元代	延祐元年（1314）	护国庇民广济明著天妃	庇护漕运	延祐《四明志》
	天历二年（1329）	护国庇民广济福惠明著天妃	庇护漕运	洪希文《天妃诞辰笺》
	至正十四年（1354）	辅国护圣庇民广济福惠明著天妃	庇护漕运	《元史·顺帝纪》
明代	洪武五年（1372）	昭孝纯正孚济感应圣妃	助海运	《显圣录》兼参成祖诏等
	永乐七年（1409）	护国庇民妙灵昭应弘仁普济天妃	庇护郑和下西洋	明《太宗实录》
清代	康熙十九年（1680）	护国庇民妙灵昭应弘仁普济天妃	庇万正色克厦门	汪楫《使琉球杂录》《天妃显圣录》
	康熙二十三年（1684）	晋封天后	助施琅平台	郁永河《海上纪略》等
	乾隆二年（1737）	护国庇民妙灵昭应宏仁普济福佑群生	庇督饷台湾	清宫档案及周煌《琉球国志略》
	乾隆二十二年（1757）	加"诚感咸孚"	庇全魁、周煌使琉球	清宫档案及《琉球国志略》
	乾隆五十三年（1788）	加"显神赞顺"	平台湾林爽文暴动	清宫档案
	嘉庆五年（1800）	加"垂慈笃祐"	赵文楷使琉球	清宫档案
	道光六年（1826）	加"安澜利运"	江苏巡抚奏漕运安抵	清宫档案
	道光十九年（1839）	加"泽覃海宇"	林鸿年使琉球还	清宫档案
	道光二十八年（1848）	加"恬波宣惠"	江苏巡抚奏庇漕运	清宫档案

清代	咸丰二年（1852）	加"导流衍庆"	江苏巡抚奏庇漕运	清宫档案
	咸丰三年（1853）	加"靖洋锡祉"	福建巡抚奏庇海运	清宫档案
	咸丰五年（1855）	加"恩周德溥"	热河都统奏庇击退盗艇	清宫档案
	咸丰五年（1855）	加"卫漕保泰"	漕运总督奏庇漕运	清宫档案
	咸丰七年（1857）	加"振武绥疆"	不详	同治五年御祭文
	同治十一年（1872）	加"嘉佑"	以护漕有功	光绪《会典》及《上海县续志》
	光绪元年（1875）	加"敷仁"	以台湾防务神灵显应	清德宗实录

第三节　传播轨迹

一、时间上的传播历程

从时间上综观妈祖信仰的传播历程，大致可分为宋代起源期、元代拓展期、明代远播期、清代鼎盛期、民国存续期与当代复兴期等六个时期。

（一）宋代——妈祖信仰的起源期

宋雍熙四年（987）九月初九，妈祖在一次拯救海难中英勇献身。乡里的人们为铭记其恩德，希望她永留人间，永保海上平安，就在湄洲岛的山峰上为她建立庙宇，将她当作神来奉祀，这个庙就是最原始的湄洲祖庙。当时庙宇仅是"落落数椽"，但前来烧香祈祷的人却是不少，每天从早至晚，络绎不绝。传说"神女屡现，有求必应"，百姓十分信仰。

宋咸平二年（999），平海船民在村边兴建"通灵神女庙"（现为平海天后宫），并从湄洲祖庙分灵，此为第一座有年号记载的妈祖分灵庙。此后，曾得到妈祖恩泽的乡亲纷纷效仿，在自己的乡里建庙供奉，如浮曦[xī]（莆禧城旧称）、醴泉里（今秀屿东庄）、枫亭、兴化湾畔等沿海乡村。

宋元祐元年（1086），因"枯槎显圣"，妈祖托梦，莆田涵江宁海"圣墩"建起妈祖的分灵庙。宣和五年（1123），朝廷派给事中路

莆田平海天后宫

允迪出使高丽国，船队在海上遇到飓风但转危为安。涵江白塘人李振告诉路允迪说这是湄洲神女搭救。路允迪将此事上奏朝廷，于是，宋徽宗下诏赐圣墩妈祖庙以"顺济"匾额。这是妈祖第一次得到朝廷的确认与褒奖。绍兴十九年（1149），制干（官职）李富倡议扩建圣墩顺济庙，至次年正月竣工，正月十一日，特奏名进士廖鹏飞撰写《圣墩祖庙重建顺济庙记》，这是目前发现最早有关妈祖事迹的文献。

宋绍兴二十六年（1156），宋高宗在京都举行"郊典"（在郊外祭天祭地祭众神），并诏封妈祖为"灵惠夫人"。这次诏封开创历代皇帝给妈祖褒封的先河，即皇帝第一次褒封妈祖，也是最早的大型妈祖祭典活动。

宋绍兴三十年（1160），官至宰相的莆田人陈俊卿在他的家乡

莆田白湖顺济庙

莆田文峰宫

泉州天后宫

香港佛堂门天后宫

白湖(今莆田阔口村)献出宅地建妈祖庙,俗称"白湖顺济庙"。当时白湖渡是莆田最大的港口水市。陈俊卿这一举动大大推动了妈祖文化的传播。宋绍熙元年(1190),"以神救旱功褒封,晋爵灵惠妃",妈祖第一次由"夫人"晋爵为"妃"。后来白湖庙妈祖神像迁入城内文峰宫及东岩山妈祖行宫。莆阳大地掀起信奉妈祖的第一次高潮,各地原先有供奉妈祖的宫庙将妈祖神像安座于正中央,周边的泉州、漳州、龙岩、浙江、广东、香港等地相继开始建造妈祖宫庙。

庆元二年(1196),妈祖信仰传到泉州,泉州首座妈祖庙——顺济庙在浯浦建成。汀州天后宫也在这一时期建造,它是闽西第一座天后宫,汀州素有"上河八百,下河三千"之称誉,为祈求水上往来安全,汀州先民虔诚地把海神妈祖从莆田迎到了汀江源头的长汀城。庆元四年(1198),瓯(浙江温州别称)闽诸郡大雨,只有莆阳及周边三城向妈祖祈祷而大晴,瓯人认为有妈祖庇佑,于是开始效仿奉祀妈祖,妈祖信仰传至浙江。同年,朝廷调闽粤舟师去大奚[xī]岛(香港大屿山)平寇,"一扫而灭",广东、香港等地民众开始建造妈祖宫庙,以谢神功;香港的"佛堂门大庙湾"建成香港地区第一座最负盛名的妈祖分灵庙。

各种形式的宣扬,使妈祖女神的"灵异"更加突出,无论是旱灾病瘟,或是航海捕捞,甚至征战疆场,官员和民众都祈愿妈祖的帮助。因此,妈祖女神受到南宋王朝的高度重视与利用,宝祐二年(1254)至宝祐四年(1256),朝廷连续三次褒封妈祖,使妈祖真正成为"护国庇民"的女神,妈祖信仰在南宋时期逐步得以确立和形成。

（二）元代——妈祖信仰的拓展期

元朝的统治中心为"大都"（今北京），是一座拥有百万人口的大城市。京城的扩大，需要大量的粮食，而国家的粮食大部分在南方，需要南粮北调。至元十九年（1282），元世祖忽必烈采纳了重开运河、另辟海运的建议。运河的开凿和海运的开辟，对商业的发展、大都的供给和繁荣、南北交通的畅通、官民造船业的扩大、航海技术的提高都起到了重要作用。以福建泉州港为例，此时泉州港对外贸易十分繁荣，成为闻名遐迩的大港。

元代的漕运多由官府负责，官吏对海运多为外行，时常发生事故，造成人员和财产的巨大损失。为了漕运安全，元世祖采纳了福建泉州市舶司（官职）蒲师文的建议，敕封妈祖，依赖妈祖海神的庇护。元至元十八年（1281），封妈祖为"护国明著天妃"。将妈祖由"妃"提升到"天妃"，使妈祖最高海神的地位进一步确立，影响力进一步扩大。

同时，元代的漕运，在早期就有不少福建人参与，后来又雇用了大量的福建船只，闽人的妈祖信仰也逐渐渗入海运并传播、延伸至漕运所经过的地区。元至元十六年（1279）前后，由闽浙船民出资在山东蓬莱县之北的"庙岛群岛"增修长岛显应宫，专门奉祀妈祖（海神娘娘）。延祐年间（1314－1320），天津大直沽天妃庙（俗称东庙）建成，这是我国北方最有影响的妈祖庙之一。泰定三年（1326），朝廷多次派使者到直沽去祭天妃，并在海津镇新建一座天妃宫（俗称西庙，即今天津天后宫），因而天津有 "先有娘娘庙，后有天津卫"

天津天后宫前门

的俗谚。吴县（苏州）的天妃宫，于泰定四年（1327）建造。此外，妈祖信仰这时也开始传播到海南等地。

随着妈祖信仰的传播，许多祭祀妈祖的习俗也由福建传至外省许多地方。如江浙一带的官员在漕运开始时都要祭拜妈祖，祭器由皇帝赐予，朝廷委派主要官员代祀，祈求漕运平安。

可以说，随着元代漕运的开通，妈祖信仰在中国沿海大部分地区得到拓展和延伸。

（三）明代——妈祖信仰的远播期

明初，因东南沿海受倭寇的侵扰，明太祖对东南渔民厉行海禁，妈祖信仰转入内陆，许多与妈祖有关的民俗活动此时在民间日益盛行。同时，朝廷为平定倭寇和保护海上漕运开始组建水师，妈祖信仰在明代初期得到延续，并在北方得以巩固，还传到了辽东半岛各港口。

明永乐、宣德年间（1403—1435），皇帝派遣郑和与王景弘先后七次出使西洋，与西洋诸国建立友好关系，郑和船队的远航，对妈祖信仰的远播产生深远影响。

郑和远航时得到妈祖庇佑，返航时将事情上奏，使妈祖得到了进一步褒封，朝廷还派官员到妈祖宫庙祭谢，大大促进妈祖信仰的传播。永乐五年（1407）郑和第一次下西洋归来，请求皇帝在南京龙江之上建一座天妃宫，这是朝廷第一次建造妈祖宫庙，意义重大。永乐七年（1409）郑和第二次下西洋归来，奉旨到龙江庙致祭；朝廷封妈祖为"护国庇民、妙灵昭应、弘仁普济天妃"，赐龙江庙为"弘仁普济天妃之宫"，并规定每年正月十五日、三月二十三日派官员前往祭祀；永乐十四年（1416），明成祖永乐皇帝撰立《御制弘仁普济天妃宫之碑》于龙江天妃宫（该碑现存南京市静海寺内）。郑和也曾莅临湄洲妈祖祖庙祭祀，并督工扩建庙宇。在福建长乐、江苏刘家港等地兴建天妃宫，并亲自撰文镌［juān］碑纪念，以宣扬神功。宣德六年

江苏南京天妃宫

（1431），郑和指挥的船队抵达福建长乐南山港，在那里候风，准备第七次下西洋。期间，郑和重修天妃宫，并撰立《天妃之神灵应记》碑，碑文记述六次下西洋的历程和妈祖护佑事迹。

远航的士兵、水手对妈祖的崇拜进一步提升。出使海外，面对汪洋，海上气候变化莫测，海难随时可能发生，航海者们和家人更会虔诚地将妈祖当作保护神，从而对妈祖信仰达到一个新的高度。

远航船队经过广东、香港、海南等地，进一步促进当地妈祖信仰的传播。永乐八年（1410），广东深圳蛇口以西兴建赤湾天妃庙，规模宏大，香火鼎盛；香港的佛堂门、鲤鱼门、香港仔、铜锣湾、筲箕湾、油麻地、赤柱、长洲、坪洲等沿海地方陆续兴建妈祖庙。弘治元年（1488），澳门建妈阁庙，澳门被称为"Macau"，即取自"妈阁"的葡文发音。

郑和下西洋活动，促进海外贸易和移民拓荒潮的兴起，人们漂洋

澳门妈祖阁

过海到异国开拓创业、种植开荒，为保佑海上航行安全和落地开垦顺利，遂将妈祖信仰带至南洋各地。这些商人或华侨虽身在异国他乡，却仍然保持家乡的信仰习俗，妈祖信仰因此得到更为广泛的传播。在马来西亚、新加坡、泰国、印尼、越南、菲律宾等地，此时开始建造供奉妈祖的庙宇；在北方，随着妈祖香火与声名的日益兴隆，庙岛海神庙（长岛显应宫）成为北方沿海的妈祖信仰传播中心之一，其影响不仅遍布于黄、渤海沿岸，而且还随着北方商人和移民的足迹而远播日本、朝鲜等。

"沈有容谕退红毛番韦麻郎"碣

远航船队到达亚非、中东各地，当地的人们通过船中供奉的妈祖神像以及船队靠岸后举行的祭拜仪式，对妈祖文化有了初步的印象，为今后妈祖文化在这些区域的传播奠定了基础。

总之，郑和七次下西洋是明代妈祖信仰发展的重要契机，妈祖信仰因而逐步走向世界。

明代后期，朝廷政治纷乱，人们纷纷前往台澎和海外谋生，妈祖护国庇民的神迹也随着移民的足迹得到了进一步传播。万历二十年（1592），澎湖天妃宫创建。万历三十三年（1605），荷兰殖民者企图侵占澎湖，明朝将领沈有容奉命率舰队开到澎湖妈宫港，令其撤离，事后，沈有容祭天妃，并在宫内镌刻"沈有容谕退红毛番韦麻郎"的石碣[jié]以纪功。天启三年间（1623），日本长崎的"三江

日本崇福寺妈祖堂神龛

帮"（即江苏、江西、浙江、安徽）华侨集资建成日本长崎兴福寺
（南京寺）。崇祯元年（1628），福建的漳州、泉州等地的华侨兴建日
本长崎福济寺（漳州寺）。崇祯二年（1629），福州帮华侨捐款兴建

台湾鹿港天后宫

日本长崎崇福寺（福州寺）。康熙七年（1668）台湾安平天妃宫创建，康熙二年（1673）高雄旗后妈祖宫创建。

（四）清代——妈祖信仰的鼎盛期

清初，为了平定东南、统一台湾，康熙皇帝十分重视东南数省的军事经营，尤其是福建的水师建设，因而福建水师信奉的妈祖也得到重视。康熙十九年（1680），福建水师提督万正色上奏为妈祖加封致祭，于是康熙皇帝封妈祖为"护国庇民妙灵昭应弘仁普济天妃"，不但为清廷争取了人心，也对后来收复台湾起到了重要铺垫作用。康熙二十二年（1683），施琅率水师收复台湾，在此期间，传说水师屡屡得到妈祖的庇佑和神助。施琅因此奏请康熙皇帝为妈祖再立庙封爵，并在第二年奉旨将宁靖王朱术桂的官邸[dǐ]改建为妈祖庙（今台南大天后宫）。

随着台湾的收复和清康熙皇帝的褒封，妈祖在福建、台湾民众中的崇高地位得到进一步地树立，同时也掀起了闽台两地民众修建妈祖宫庙的新高潮。康熙二十四年（1685），户部江南清吏司主事林麟焻[chàng]奉命修葺贤良港妈祖祖祠；康熙三十三年（1694），湄洲妈祖祖庙树璧和尚奉分灵的妈祖神像到台湾云林县，与当地民众一起创建笨港天妃宫。

康熙五十九年（1720），妈祖被列为春秋谕祭之神，编入国家祀典。雍正十一年（1733），皇帝下诏各省督抚春秋致祭，并令各府州县原有宫庙恢复重建。乾隆二十二年（1757），诏告普天下妈祖享皇家祭祀礼仪规格，祭妈祖行三跪九叩之礼，各府县官祭妈祖礼制基本

台湾台南大天后宫

台湾北港朝天宫

统一。皇帝的诏告褒封，将妈祖信仰推至高潮，各地的妈祖宫庙得到重建、增建。同时，一些妈祖的文献典籍纷纷成书刊行，如《天后昭应录》《敕封天后志》《天后显圣录》等，扩大了妈祖信仰的传播。此后，清嘉庆、道光、咸丰、同治、光绪皇帝或不断加封妈祖或题词赐匾，将妈祖推到至高无上的地位。

清朝廷的屡屡封赐，树立了妈祖作为海神的至高无上地位，妈祖信仰传播范围更加扩大。光绪十年（1884），山东烟台天后宫始建，历时20年竣工。同时，妈祖信仰伴随着漂洋过海的华侨、海员和外交使节，进一步传播到世界各地，比如，道光二十年（1840）新加坡天福宫创建等等。可以说，妈祖信仰在清朝进入全面发展和鼎盛时期。

（五）民国——妈祖信仰的存续期

新加坡天福宫

民国初年，随着新政的实行，妈祖信仰受到较大冲击。当时各地都在大办学校需要公共场地，于是"毁庙办学"成为一种风气，政府机关对庙宇的占用量也很大。这一趋势，极大地抑制了各地妈祖信众创建庙宇的积极性，但信众们还是千方百计保护原有的妈祖信仰。据民国《闽贤事略初稿·孝女林默事略》记载："孝女既殁，里人立祠祀之。厥后庙宇遍各省，旁及外国。历朝封祭，尊为天后。民国十八年（1929），莆田县县长据九牧林氏阖族绅士呈请保存孝女庙宇。经民政厅批准备案，惟令将天后宫名称改为林孝女祠；并呈请内政部，通令各省保存孝女祠。"可见，当时莆田等地的林氏子孙为保护妈祖庙，呈文政府，将天后宫改为"林孝女祠"，于1929年获得批准，从而使各地的妈祖庙仍有合法地位。不过，民国政府不再为妈祖庙举行

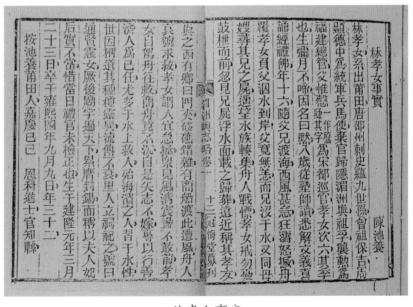

林孝女事实

官祭，祭祀妈祖成为民间自发的行为。1936年，天津还举办了民国历史上的最后一次"皇会"（最初叫"娘娘会"，是为庆祝妈祖生日而举办的迎神赛会）。可见，妈祖信仰在民间仍得以继续存在。而且，妈祖信仰在海外的传播也没有受到多大影响。

（六）当代——妈祖信仰的复兴期

中华人民共和国成立后，政治运动接连不断，到了"文化大革命"爆发，全国各地的庙宇基本都被扫荡。湄洲妈祖祖庙也在文革中受到很大破坏。1978年以后，中国大陆的形势恢复稳定，经济快速发展，社会秩序重建，传统文化受到尊重，古老的妈祖信仰悄然在各地恢复。

1978年，林聪治等一批湄洲岛妈祖信众在祖庙废墟上重建寝殿，拉开了湄洲祖庙修复重建的序幕。随着台湾妈祖信众到湄洲祖庙谒祖进香、寻根溯源热潮的兴起，湄洲祖庙的修复重建也渐渐得到了各级政府的支持和帮助。1981年，时任台湾北港朝天宫董事蔡辅雄先生只身来到湄洲祖庙进香，后来不断发动台湾妈祖宫庙和信众捐资支持祖庙重修，与湄洲祖庙结下了不解之缘。1983年，台湾妈祖信众谢保家（后改名"谢铭洋"）乘坐渔船，经福建霞浦辗转到湄洲祖庙，恭请妈祖神像回台湾供奉。1987年10月31日（农历九月初九），"妈祖千年祭"活动在莆田市湄洲岛举行，吸引世界各地妈祖信众达十多万人次。台湾台中县大甲镇澜宫一行17人绕道日本大阪来中国大陆，到湄洲岛参加"妈祖千年祭"，台湾《人间》杂志社记者钟俊陞[shēng]全程跟踪报道，引发轰动。这是海峡两岸隔绝近40年以来，第一个到湄洲祖庙朝拜的台胞朝圣团。"千里寻根谒妈祖，只缘湄洲是故乡。"此后，许多台湾妈祖信众陆续绕道前往湄洲祖庙谒祖进香，引发朝圣的热潮。1989年5月6日，台湾宜兰县南方澳南天宫主委林源吉组织240位妈祖信众乘20艘渔船直航湄洲祖庙进香朝圣，这是两岸隔绝以后第一次有组织、大规模的民间直航，开创了两岸直航的先河。同年开始，湄洲祖庙与台湾十家妈祖宫庙结为"至亲宫庙"，共同的妈祖信仰将两岸的民众的心紧紧相连。

　　20世纪90年代，两岸妈祖文化交流日益深入、频繁，呈现出从

1989年、1997年、2005年台湾宜兰妈祖信众曾三次直航湄洲谒祖进香

单向到双向、从绕道到直航、从零星到组团、从民众到高层的发展趋势。从某种意义上看，两岸妈祖文化交流推动了两岸关系和平发展的进程，妈祖发挥了"海峡和平女神"的独特作用。

1990年，福建省、莆田市社科联和湄洲妈祖祖庙董事会联合举办"妈祖研究学术研讨会"，来自日本、美国、韩国及港澳台地区的专家学者参加，此次学术研讨会规模大、水平高、成果多，为两岸和世界妈祖文化学术交流奠定基础，后来逐渐演变为"湄洲妈祖·海峡论坛"。1990年10月，湄洲祖庙与台湾北港朝天宫联合建造的两尊巨型妈祖石雕像竣工落成，两尊妈祖神像隔海相望，反映着两岸民众期盼统一的团圆心愿。1993年12月25日至1994年6月26日，大陆第一个文物赴台展——《妈祖信仰民俗文物展》在台南鹿耳门圣母庙举行，这

1990年妈祖研究国际学术讨论会

是福建省第一次在台湾举办大型妈祖文化展览活动。1996年5月，湄洲妈祖祖庙董事会首次组团赴台进行妈祖文化交流，开启了两岸同胞双向交流的大门。1997年1月24日至5月6日，湄洲妈祖"金身"巡游台湾102天，驻跸[bì]岛内19个县市、35个妈祖分灵庙，共接受一千多万人次朝拜，这是海峡两岸隔绝四十多年后一次规模最大的民间文化交流活动，被台湾媒体称为"一千年来第一次"。

　　同时，许多华人、华侨也来到妈祖的故乡谒祖朝拜，展开"念祖之行，寻根之旅"。1994年5月7日，第一届湄洲妈祖文化旅游节在湄洲岛举行，来自新加坡、马来西亚、菲律宾、美国、英国、日本、韩国以及台湾、香港、澳门等地区的来宾和妈祖信众近万人参加活动，显示出妈祖情缘在联系同胞感情方面的强大感召力。1998年10月，湄

洲祖庙组织184人的祭典团队，参加澳门汉白玉妈祖雕像开光大典，妈祖信仰得到世界各地华人华侨更为广泛的传播和弘扬。

进入21世纪，各级领导重视，各界热情参与，妈祖文化逐渐进入全面复兴和升华的新时期，世界性影响进一步扩大。

2004年10月31日，全国性妈祖文化社团组织——中华妈祖文化交流协会在湄洲岛隆重成立，时任全国政协副主席张克辉担任会长，包括港澳台、新加坡、马来西亚、日本在内的海内外几百家妈祖文化机构入会。中华妈祖文化交流协会的成立，标志着妈祖文化的交流和研究进入全新的时代。

1. 妈祖文化交流品牌层出不穷。其中，以"天下妈祖回娘家""湄洲妈祖巡天下""'妈祖之光'电视晚会""海峡论坛·妈祖文化活动周"等交流品牌的社会影响较为广泛。2002年5月、2004年10月、2009年11月、2011年7月，湄洲妈祖祖庙先后组织湄洲妈祖"金身"巡安金门、澳门、莆田、香港等地，形成独特的妈祖文化交流盛事，进一步确立"湄洲妈祖巡天下"的活动品牌。"天下妈祖回娘家"活动的规模和影响也在不断扩大。2006年9月，由台湾大甲镇澜宫和台湾妈祖联谊会发起组织台湾50多家妈祖宫庙、7000多位台胞信众，组成阵容强大的进香团，到莆田、泉州等地开展为期四天的谒祖进香之旅和民俗文化交流活动。2008年10月30日至11月2日，由中华妈祖文化交流协会和湄洲妈祖祖庙共同组织的"天下妈祖回娘家"活动举行，来自海内外18个国家和地区300多家妈祖分灵庙的1000多位信众代表，集中回湄洲祖庙谒祖朝圣，开创了"妈祖回娘家"活动的新纪元。此后，每年农历三月，都有数十万来自世界各地的妈祖信众自发前往湄洲妈祖祖庙、贤良港天后祖祠谒祖进香。由福建省对外文化交流协会、福建省广播影视集团发起，中华广播影视交流协会、中华文化联谊会、台中市政府、湄洲妈祖祖庙、大甲镇澜宫联合主办的"妈祖之光"系列大型电视晚会自2006年起至2014年，已连续举办了九年，其中在台湾成功举办了12场，共汇聚了60多万人次现场观众。晚会通过电视现场直播和媒体报道，在海峡两岸及全球华人当中产生了良好的反响，现已成为海峡两岸文化交流的品牌项目。2011年至2013年，中华妈祖文化交流协会、湄洲妈祖祖庙、台湾北港朝天宫，以"海峡论坛·妈祖文化活动周"为平台，先后发起组织"台湾百家妈祖宫庙湄洲谒祖进香""两岸千家妈祖宫庙大联谊""台湾宫庙千尊妈祖湄洲谒祖朝圣"等活动，不断创新两岸文化大交流、大联谊的新形式。2014年"第六届海峡论坛·妈祖文化活动周"期间，400余家台湾宫庙近万名台胞，和2000多名大陆乡亲一起，在湄洲妈祖祖庙举行盛大的两岸万众齐拜妈祖祭祀大典。"妈祖文化活动周"成为海峡论坛中最具特色和最有亮点的活动品牌之一。

2. 妈祖文化交流层面不断拓宽。2006年，中华妈祖文化交流协会副会长兼秘书长、湄洲妈祖祖庙董事长林金榜组团赴新加坡、马来西亚等地，与14家妈祖宫庙开展联谊并举行赠匾仪式。马来西亚的《南洋商报》、新加坡的《新明日报》等多家媒体对交流团活动进行报道，扩大了妈祖文化在东南亚的影响。2008年，中华妈祖文化交流协会常务副会长林国良率百人参访团，赴台观摩大甲妈祖绕境活动、访问各宫庙，反响热烈。2009年，中华妈祖文化交流协会会长张克辉率团，赴台进行为期10天的交流活动，拜访了台湾北部、中部和南部的15家妈祖宫庙，与台湾基层信众进行了广泛而友好的交流。2010年，中华妈祖文化交流协会牵头组织的《纪念妈祖诞辰1050周年暨庆祝妈祖信俗成功申报世界人类非物质文化遗产图片展》，在台湾台中举行。福建省长黄小晶带领赴台经贸文化考察团成员和当地各界知名人士及信众等1000多人参观了展览。黄省长还专程前往台中大甲镇澜宫拜谒妈祖，与台湾知名人士王金平先生等共同祭拜，在海峡两岸引起良好反响。2013年6月25日，由上海玉成天赐珠宝有限公司赵柳成董事长惠赠湄洲祖庙的翡翠妈祖像举行开光仪式，这尊翡翠妈祖像身高1.33米、重1.6吨，价值约2亿元，为目前世界上最大的翡翠妈祖像，成为湄洲祖庙新的镇殿之宝。2011年12月，上海玉成天赐珠宝有限公司曾向湄洲祖庙赠送一尊身高1.28米、重1.5吨的翡翠妈祖像，该尊妈祖像已由湄洲祖庙分灵至台湾大甲镇澜宫，成为当年海峡两岸文化交流的一大盛事。

3. 妈祖文化研究成果相当丰硕。莆田学院图书馆于2005年完成了"妈祖文献书目资料库"的制作，课题成果《妈祖研究资料目录索引》也由中华妈祖文化交流协会与莆田学院联合出版。2005年莆田学院妈祖文化研究所和中文系合编的《历代妈祖诗咏辑注》，收集南宋至近现代420位作者咏怀妈祖诗作600多首，让人耳目一新。从2005年开始，中华妈祖文化交流协会先后参与举办了八届"湄洲妈祖·海峡论坛"，围绕妈祖文化研究以及两岸和平发展等主题，收集数百篇论文并结集出版。2011年，由湄洲妈祖祖庙组织编撰60多万字的《湄洲妈祖志》，由方志出版社正式出版发行。中华妈祖文化交流协会于2007年起组建妈祖文化研究院，致力于妈祖文化研究与推介，2007年辑纂之《妈祖文献史料汇编（第1辑）》由中国档案出版社正式出版，其后又连续出版第2辑、第3辑，包括碑记卷、档案卷、散文卷、诗词卷、匾联卷、史摘卷、著录卷、方志卷、经箓卷、绘画卷等10卷，三大辑16册，共450万字，为妈祖文化研究提供了较为详实丰富的资料。此外，中华妈祖文化交流协会组织编著的《莆田妈祖宫庙大全》《莆田妈祖信俗大观》，莆田学院组织编著的《妈祖学概论》《妈祖文化传播导论》等书也正式出版。

妈祖文化在发掘中弘扬，同时也在弘扬中丰富和发展。中华妈祖文化交流协会2005年创办《中华妈祖》双月刊，2007年创办《妈祖之声》月刊，2009年、2011年创办"天下妈祖""中华妈祖"网站，及时传播信息。2006年，中华妈祖文化交流协会主办了首届中华妈祖文化知识竞赛，2009年至2013年，中华妈祖文化交流协会与有关部门共同举办了三届全球妈祖文化征文大赛和摄影大赛等，进一步扩大了宣传。此外，各地反映和歌颂妈祖的音乐、舞蹈、戏剧、文学、电视剧等艺术作品层出不穷，比如38集电视剧《妈祖》作为2013年中央电视台开年大戏，在CCTV电视剧频道黄金时间播出，这些都为丰富妈祖文化作出了贡献。

妈祖文化在弘扬中丰富和发展的同时，其保护工作也愈加得到重视。2006年6月湄洲祖庙妈祖祭典列入首批国家级"非物质文化遗

"湄洲祭典"证书

产名录"之后，申报"世遗"逐渐摆上议事日程。2006年10月闽台文化学术研讨会上，与会领导和专家学者倡议加快申遗，2007年莆田籍全国政协委员、湖南省政协副主席蔡自兴在全国政协十届五次会议上提出《将妈祖文化列为我国"申遗"重点项目》的3451号提案，得到文化部的认同采纳。经过各方共同努力，2009年9月30日，联合国教科文组织政府间保护非物质文化遗产委员会第四次会议在阿拉伯联合酋长国首都阿布扎比召开经审议表决，决定将"妈祖信俗"列入《人类非物质文化遗产代表作名录》。"妈祖信俗"申报人类非物质文化遗产获得成功，这是妈祖文化升华成为世界优秀文化组成部分的重要标志。

二、空间上的传播历程

从空间上综观妈祖信仰的传播历程，整体传播态势是由近及远、由疏及密、由本土及区域外，传播区域基本上可分为福建本土、大陆沿海、大陆内地和海外远洋四大层次。

（一）福建本土传播层次

福建是妈祖宫庙分布的主要地域，妈祖宫庙大都分布在海滨和江河两岸地区，但有的也分布在内陆山区。据海风出版社2012年出版的《莆田妈祖宫庙大全》统计，莆田市内至少有各类妈祖宫庙880处。可见，作为妈祖文化的发源地，莆田是妈祖庙宇最密集的地区。妈祖信仰从湄洲扩展到兴化大地，进而传播到福建省内其他区域，大致上可分为北线、南线和西线三个走向。

1. 北线传播。指妈祖信仰以莆田地区为中心向闽东北方向发展。比如福州马尾船政天后宫、长乐显应宫、宁德蕉城天后宫、霞浦松山天后行宫、武夷山天上宫等。

2. 南线传播。指妈祖信仰以莆田地区为中心向闽南方向发展。比如泉州天后宫、惠安崇武天后宫、晋江金井东宫、厦门朝宗宫、漳浦乌石天后宫等。

3. 西线传播。指妈祖信仰以莆田地区为中心向闽西、内陆方向发展。比如汀州天后宫、永定西陂天后宫、武平太平山天后宫、三明天后宫、尤溪太平寨天后宫等。据张开龙主编、九州出版社2013年出版的《闽西妈祖文化》统计，闽西龙岩市境内共有400多座妈祖庙，这个数量大大超过以前的估计。

（二）大陆沿海传播层次

妈祖信仰的沿海传播区域，主要指我国大陆沿海临江地区和附近岛屿，从妈祖宫庙的建立与分布态势来看，妈祖信仰在近海传播是与中国航海事业的发展和航行路线密不可分的。它大致上可分为北线、南线和中线三个走向。

1. 北线传播。指妈祖信仰以福建地区为中心向北方沿海发展。比如山东有烟台天后宫、蓬莱阁天后宫、青岛天后宫、长岛庙岛显应宫等；浙江有杭州艮山门外顺济庙、宁波灵慈庙、杭州候潮门外天妃殿等。北线在元代北洋漕运为近海航海线，起自江南航海重镇刘家港（江苏太仓），止于河北漕运中心直沽（今天津市），这两地妈祖庙有80多座，主要有刘家港天妃宫和天津东、西两座妈祖庙。到明代郑和七次下西洋时，其国内的始发港在江苏的南京港和刘家港，而开洋港为福建长乐。北线传播涵盖面亦有北京、河北秦皇岛、山海关及辽宁的大连、旅顺、营口、丹东、锦州等北方沿海地区。

2. 南线传播。指妈祖信仰以福建地区为中心向南方沿海发展。重点在于广东、香港等地。广东的地势如同福建，东南面濒海，对外贸易、航海交通极为发达。广东妈祖庙很多，大部分创建于明清时期。新建地集中于潮州、汕头、揭阳、湛江及汕尾、陆丰等地。香港的妈祖信仰也颇为盛行，据《香港民间风土记忆（二）》记载，香港现存以天后为主神的独立庙宇达102间，其中较早有南堂天后庙（1234）、北堂天后庙（1266）。澳门现存妈祖庙十多座，其中以妈祖阁及现代新建的澳门天后宫最为著名。海南妈祖庙建于明清两朝为多，现在还保存200多座。

3. 中线传播。主要指以莆田、泉州为中心横渡台湾海峡向台湾地区发展。据统计，台湾注册登记的天后宫有1500多座。妈祖信众占台湾总人口的百分之八十以上。影响较大的台湾妈祖宫庙有鹿港天后宫、北港朝天宫、新港奉天宫、台南大天后宫、松山慈祐宫、大甲镇澜宫、鹿耳门天后宫、鹿耳门圣母庙等。

（三）大陆内地传播层次

妈祖信仰的内陆传播区域，主要指我国大陆滨海以外的内地省份。传播的层次首先是临江、河、湖的区域，然后是山区、高原区域。传播的主要力量一是往内陆地区从事经贸生意的闽浙粤等沿海省份的商人；二是在内陆地区来自沿海省份的官员；三是内陆地区来自闽浙粤的移民，且以九牧林后裔移民为主。内陆地区比较著名的有安徽小孤山天妃宫、湖南芷江天后宫、云南会泽天后宫、贵州镇远天后宫、四川遂宁天上宫、重庆江津天上宫、河南南阳天妃庙、山西介休绵山妈祖殿等。

（四）海外远洋传播层次

妈祖信仰的海外远洋传播区域，主要有古琉球、日本、朝鲜半岛、东南亚以及大洋洲、美洲、欧洲、非洲等地。

1. 西太平洋区域航线传播

（1）东北向的日本、朝鲜半岛航线。古琉球国（今日本冲绳）早期有久米村的上天妃宫、那霸的下天妃宫和久米岛天后宫等。早期进入日本长崎的唐船商帮主要有"三江帮"（即江苏、江西、浙江）、漳泉帮和福州帮，他们所创建的妈祖祠堂后来衍化为著名的长崎三唐寺，即南京寺、漳州寺和福州寺。朝鲜在平安道海岸建有妈祖庙。韩国在完岛等地也建有妈祖庙。

（2）南向的东南亚航线。在东南亚（这里指印度尼西亚、马来西亚、新加坡、菲律宾、泰国、柬埔寨和越南等国家）华人聚居的沿海城乡，"莫不有'妈祖'的神迹"。其中以马来西亚和新加坡比较密集。据调查马来西亚全国有妈祖奉祀馆庙超过200座，其中马六甲的青云亭、宝山亭，槟榔屿的观音亭（广福寺）都奉祀妈祖。在新加坡的天福宫、粤海清庙、琼州会馆内的天后宫、兴安会馆所属的天后宫，也都供奉妈祖。泰国华商建立的天后宫分布在曼谷、洛坤、素叻等地。越南的华人聚集社区主要在湄公河三角洲一带，即南圻省的柴棍铺（今西贡、堤岸、嘉定一带）和广南省的会安。堤岸4个闽商会馆皆主祀妈祖。堤岸还有两座主祀妈祖的会馆：一为穗城会馆，一为七府公业（由漳州、泉州、福州、潮州、琼州、广州、明州七府商民合建）。缅甸有4座华人兴建的祀有妈祖的古庙。其中丹老天后宫是由粤船商集资兴建于19世纪初，另外三座皆以妈祖为兼祀，即渤生的三圣宫，仰光的观音亭，仰光的广福宫。雅加达是印尼妈祖信仰的发祥地，1650年即有福建龙溪侨领郭桥兄弟创建一座观音亭（后改名金德院）奉祀观音和妈祖。1751年左右，福建侨商在巴城创建第一座天后宫。19世纪后，由华商集资兴建的天后宫几乎遍及印尼各埠。菲律宾南吕宋妈祖庙，由1872年旅居菲律宾晋江华侨创建。描东岸省天主教堂也供奉有妈祖。现存的妈祖庙皆为20世纪60年代以后华人所建，其中规模最大、香火最旺的是位于拉允隆省仙彬安洛社区中心的隆天宫。

2. 跨太平洋横渡航线传播

主要指以菲律宾为中介，由亚洲驶往美洲的跨太平洋东行航线，人称"妈祖越洋东传"线。美国旧金山中国城的一座天后古庙，是1852年由广东华侨集资兴建的。加州天后庙，由来美拓荒的华工出钱于1852年兴建。1885年创建的加拿大维多利亚中国会馆也奉祀妈祖。自20世纪70年代以来，美国的纽约、夏威夷及首都华盛顿，澳洲的悉尼、墨尔本，巴西的圣保罗，阿根廷的布宜诺斯艾利斯等城市也先后从台湾北港朝天宫和湄洲祖庙分灵神像，建造庙宇供奉。法国民族学院谢鲍尔博士在巴黎创建了"真一堂"供奉妈祖，还称妈祖为"国际和平女神"。另外，非洲的毛里求斯南顺会馆有供奉妈祖。2001年初，南非开普敦朝天宫也建成竣工。

目前，世界上大约有3亿多妈祖信众，1万多座妈祖宫庙，分布在30多个国家和地区，真所谓"海水到处有华人，华人到处有妈祖"。妈祖宫庙分布的国家和地区具体为：中国大陆及中国台湾、香港、澳门地区，海外有朝鲜、韩国、日本、菲律宾、马来西亚、新加坡、印度尼西亚、文莱、泰国、缅甸、越南、柬埔寨、印度、沙特阿拉伯、加拿大、澳大利亚、新西兰、美国、墨西哥、巴西、阿根廷、英国、法国、挪威、丹麦、俄罗斯、毛里求斯、南非、津巴布韦等国。

延伸阅读

一、妈祖及其宫庙称呼考述

目前，普遍称林默为"妈祖"。不过，在不同历史时期或不同区域，林默的称呼或对应宫庙的称呼也不尽相同。这些名称可谓五花八门，十分纷繁，各具特色。它显示出妈祖信仰作为民间信仰，具有本土化、包容性的特征。

1.妈祖的种种称呼

清雍正八年（1730）档案《为敬呈海宁海神庙奏折》载：天妃"闽浙土人称为妈祖"。从史料记载看，"妈祖"的确是明清以来闽台浙江沿海民间对海神林默的称呼，如明末赴日学者浙江余姚人朱舜水、明末赴日高僧福建福清人即非如一等人著作中都记载"妈祖"称呼。清初一些大陆赴台文人因不谙[ān]闽语把"妈祖"记作同音字"马祖"，成为与唐代开创南岳怀让洪州宗的著名禅师马祖（道一）相同的名字，由此还让一些人产生妈祖名称就是来源于唐代禅师"成道的马祖道一"的联想。实际上早期"妈祖"被写为"马祖"完全只是记音有误而已，与所谓佛教大师马祖道一了无干系。如清康熙间郁永河《海上纪略》记："海神惟马祖最灵，即古天妃也。"用"马祖"记载的相关名物者还有如"马祖火、马祖棍、马祖宫"等，其中的"马祖"皆是早期外省赴台文人所记闽语"妈祖"之同音称谓。如今澎湖的"马公"、台称连江县的"马祖"岛乃至清代葡语"MACAU"的中译名"马交"，它们虽都源于妈祖，但既已约定俗成，也就没必要再改为妈宫或妈祖岛之类了。

历史上的妈祖称呼，有朝廷称谓、文人称谓和民间称呼，且多交织在一起，互为影响。

宋代，民间称妈祖为神女、灵女，文人或称龙女，朝廷亦称妈祖为"神女"。《宋会要》载："莆田县有神女祠"。仙游籍特奏名进士廖鹏飞庙记中称"通天神女"，丁伯桂庙记中称"通贤神女"。自宋代起，林默被历代帝王屡加褒封，由神女晋为夫人。宋代有顺济夫人、灵惠夫人之称。后来妈祖又由夫人晋为妃，称灵惠妃、圣妃、圣墩妃。

元代，妈祖被封为天妃，民间水陆画中则开始称为天妃圣母、天妃娘妈。

明代，开始出现妈祖经书，妈祖除天妃正式称呼外，在明代《太上老君说天妃救苦灵验经》《太上说天妃救苦灵验经》中，妈祖又被称为妙行玉女、仙妃、上圣天妃、英烈天妃、无极辅斗助政普济天妃、金阙圣妃、金阙圣后、齐天圣后等等。在《地罗经下针神文》中则被称为湄洲娘妈等。在明代小说《天妃娘妈传》中又称为天妃娘妈、天妃妈、妃妈、林氏娘娘，并言天妃为北天妙极星君之女——玄真女下凡。

清朝初期，官方仍沿用天妃称呼。康熙中叶，妈祖晋封天后，此后雍正朝、乾隆朝，官方和文人就普遍称妈祖为天后、天后圣母，文人又有称作"圣后"的，在民间经忏籤[qiān]（同"签"）诗中则尊称为妙行玉女宏仁普济元君、天后元君、天后圣母元君、天上圣母。清代道书中还有天后圣母巨德元君、巨德天后慈云广覆元君、天后圣母明著元君等称谓。北方民间又把天后与泰山女神混而为一，称天后为圣姥碧霞元君、天后圣母慈惠碧霞元君、天仙圣母碧霞元君等。

地域性的民间称呼则更是随处变化，不胜枚举。例如福建妈祖故乡莆田旧时对她多尊称为娘妈、姑妈、妈祖，长乐称圣娘，闽东则称阿婆，闽西客家人则称妈祖为娭[āi]太、老娭驰[jiě]（老祖母）、天后娘娘、水母娘，武平县武东一带客家人还称妈祖为妈祖太太、姑婆太、太太菩萨。浙江慈溪坎墩称妈祖为胜山娘娘、胜母娘娘，以妈祖庙建于胜山之故。江苏高淳县民众称妈祖为痧花老太、又称庚申娘娘，则以其生于农历庚申年之故。广东、海南多称阿妈、阿婆、婆祖、天后婆，林氏人家称姑祖婆；广东汕头潮南峡山一带称河尾嬷[mó]；在雷州半岛濒海地区，妈祖与灵通招宝夫人、青惠夫人合称为三婆，在南海西沙群岛永兴岛被称为猫注娘娘，又只用"婆"字表示天后婆，如巴岛（永兴岛）的妈祖称巴婆、三脚岛（琛航岛）的妈祖称三脚婆。广西也尊称妈祖为太婆。贵州铜仁等地称天后小龙女、林姑娘、娘妈神、娘娘仙等。北方普遍称妈祖为娘娘、海神娘娘，天津信众还尊称为老娘娘。辽宁海城地方志记载，当地称妈祖为天妃小姐，示其为年轻女神。民国《荏平县志》载："天妃系海神，为闽省林氏女，以童贞得道，亦号普门大士，有称广大灵感观世音天妃。"这里把观音法号与天妃糅合一起，称号颇具有佛教色彩。据说妈祖还有海姑、苏玉娘娘等地域称呼。

中国香港民间称妈祖为亚妈、娘妈、妈娘、天后妈、林姑娘，也有冠以地名的沙江妈、赤湾妈、汾流亚妈之称。另外，一般妈祖庙中则有"坐宫"（坐殿娘娘）、"行宫"（巡天娘娘）之分。

台湾是妈祖信仰的重镇，故妈祖称谓亦最为纷繁。民间通称为妈祖、妈祖婆、妈祖公、妈公、妈祖佛、妈祖菩萨甚至南无天上圣母菩萨等，称谓中混杂有儒道佛元素以及男女性别的淡化。林氏信众则尊称妈祖为姑祖母、姑婆祖等。

其中有按宫庙与大陆神缘关系称妈祖为湄洲妈、兴化妈、泉州妈、温陵妈、银同妈、清溪妈、汀州妈之类的。有按台湾宫庙信仰圈范围或分灵关系称大甲妈、北港妈、新港妈、港口妈、基隆妈、关渡（干豆）妈、彰化妈、笨港妈、鹿港妈、旗山妈、太平妈、大肚顶街妈、梧栖大庄妈乃至于云林六房妈、台中新社九庄妈、大屯十八庄妈之类的。有按来台时期和地位功能尊称开台妈、开基妈、国姓妈、船子妈、护军妈、镇殿妈、雨妈、过水妈之类的。有按神像雕造先后排行称大妈（祖妈）、二妈、三妈、四妈、五妈、六妈、副二妈、副三妈以及大姑婆、二姑婆、三姑婆之类的。其中有属于水师系的，有属于官绅系的，也有属于民间系的。有按"行""郊"商业同业组织命名的。如地域性的台郊妈祖、厦郊妈祖、泉郊妈祖；同业性的茶郊妈祖、糖郊妈祖、布郊妈祖、油郊妈祖之类。其中"茶郊妈祖"影响最大，被信众尊称为"茶郊圣母"。有按炉主制度分为会妈、正炉妈、副炉妈之类的。还有按神像脸部颜色，称为乌（黑）面妈、红面妈、粉面妈和金面妈的。其中"乌面妈"最初乃是因香火旺盛被熏黑的，故又称香烟妈，据说乌面妈灵力最强，显示妈祖救苦救难之相，为沿海渔民或平民百姓起造庙宇所供奉，台湾南部以奉乌面妈为多，如著名的鹿港天后宫就供奉乌面妈。乌面妈主要来自福建惠安崇武的"三妈"，称"乌面三妈"。红面妈、粉面妈脸色与凡人肤色接近，象征妈祖成仙前的凡人样，慈祥亲切；粉面妈一般为商贾出资建造庙宇所供奉，台湾中北部的妈祖多为粉面妈。金面妈代表妈祖的得道之身，神格尊贵庄严，多为官方设立的庙宇所供奉，如台南大天后宫、鹿港新祖宫镇殿妈就都是金色脸。

在海外，东南亚泰国等地的潮汕华侨通称妈祖为圣妈、七圣夫人，段立天教授认为"大概是因为她家共有兄妹七人，一男六女，林默最小，故名七圣妈"。印度尼西亚华侨称妈祖为圣祖仙妈，还有称为妈祖公、女大伯公的。马来西亚则有叠床架屋的"天后圣母娘娘元君"之称，有的宫庙亦有大妈、二妈、三妈之分。在日本，除一般的妈祖称呼外，还有妈祖神女，娘妈权[quán]现（即"娘妈菩萨"之意，日文汉字又写作"野间"即"娘妈"音读之转写）、天妃姬、天妃妈祖大权现等。在日本长崎、古琉球国（今冲绳）则被称为天妃菩萨，或直接称为菩萨，船员称妈祖为"船菩萨""舟菩萨"，天后宫也相应称为菩萨堂。

各地的林氏后裔，主要是九牧林后裔，则尊称妈祖为祖姑、姑妈、圣姑、神姑、姑婆、祖姑婆、林姑娘等。

2.妈祖宫庙的种种称呼

正因为妈祖在民间称呼的繁杂，所以妈祖宫庙名称也是五花八门，显示出明显的时代性和地域性。

与宋代官方对妈祖的称呼相匹配，妈祖宫庙被称为神女祠、林夫人庙、妃庙、顺济庙、顺济圣妃庙，圣墩妃庙等。

元明时代妈祖宫庙官方称为灵慈庙、灵慈宫、天妃祠、天妃庙、天妃宫等，其中天妃宫的级别最高。明代邱濬［jùn］《天妃庙碑》载："京城旧有天妃庙，在都城之巽［xùn］隅大通桥之西。景泰辛未，道士邱然源援南京例，请升为宫。"可见明代先是南京有天妃宫，北京的天妃庙是后来才援例升级为天妃宫的。

清代官方多称为天后宫、天后庙、圣母庙、天上圣母宫等，还有康熙后出现的较特别的淮阴及北京御园绮春园中的惠济祠等。

而民间最主要的命名方法有三种。一是以各地的妈祖俗称命名，二是以地名冠名，三是另起宫庙名称。

（1）以各地的妈祖俗称命名。如妈祖庙、妈祖殿、娘妈宫、妈娘宫、妈宫、娘娘庙、圣娘庙、皇娘庙、娘王庙、天妃小姐庙、七圣妈庙、七圣夫人庙、姑婆庙、阿婆庙、三婆庙、老妈宫、仙妈宫、天妃神社、菩萨堂等等。而最简练的称呼则只用一个"妈"字称呼妈祖，如妈阁、妈宫、妈庙之类。

（2）以地名冠名命名。其中部分是以当地地名直接冠名宫庙，这类宫庙往往无法让人一眼看出是妈祖宫庙。如台湾北投关渡的关渡宫、高雄大树乡和山村的和山寺，福建晋江金井的金井宫之类。

另有一种也是用地名冠名，但冠的不是当地地名，而是祖籍地地名。如台湾鹿港有兴化宫、兴安宫，"兴化""兴安"即古代兴化府、兴安州的历史地名，其辖地即今莆田市。这些妈祖庙是莆仙人参加开台的见证。又如台南市有银同祖庙，"银同"指福建同安一带，台南有温陵庙，"温陵"为泉州别称。又如不少供奉妈祖的同乡、同业会馆，也喜用祖籍地命名。如马来西亚海南会馆就是海南籍华侨兴建的会馆天后宫，越南胡志明市穗城会馆就是广州华侨兴建的天后宫，广州别称穗城。再如福建会馆、福建馆、山东会馆、莆阳会馆、汀州会馆、琼州会馆之类，这类即会馆天后宫。台湾的这类祖籍地宫名颇能反映两岸宫庙的人缘和神缘关系。

（3）其他命名类型。如客家人建的妈祖庙很多都称天上宫。据学者统计，四川古代二百多座妈祖宫庙名称除常见的天后宫、天上宫、天后庙、天后寺、天上圣母宫、天上圣母庙、天后行宫、天妃庙外，还有天圣宫、福建宫、福圣祠、福圣宫、神圣宫、天候宫、广圣宫、天娥宫等等称呼。

澳门妈祖阁又称妈阁庙。香港妈祖庙如今几乎均通称天后古庙，只有元朗厦村乡的妈祖庙称朝天宫，以示其与台湾北港朝天宫的分灵关系。

3.台湾妈祖宫庙命名特色

台湾的妈祖宫庙最为密集，也最为繁杂和富有特色，可看作是天下妈祖宫庙名称的集中展示地。在台湾，妈祖奉祀场所除了常见的"宫""庙"通名外，尚有称为祠、寺、厅、堂、坛、亭、殿、厝、馆的。

如高雄县美浓镇福安里有天后祠。奉祀妈祖的寺有高雄旗津凤山寺、高雄县三和村四邻天后寺、大树和山寺等。

还有苗栗县福星里八邻安澜厅，台北延平区慈圣堂，台中后里济元堂，高雄田寮崇圣堂，也都是妈祖供奉场所。

台南有圣母坛，屏东有湄洲圣母坛、义德坛，苗栗有靖碧坛，皆祀天后。

其他供奉妈祖的场所较独特称呼的还有高雄县县口里十五邻三民路的双慈亭，台南县西港乡竹林村六邻的汾阳殿、左镇乡左镇村的中兴公厝，澎湖的提标馆、马公镇的铜山馆等。

因台湾妈祖宫庙多且集中，故宫庙命名显示出一定规律或者说习俗特色。如称宫庙则名中带"天"字者极多，乃寓意妈祖是天妃、天后、天上圣母。如：

台北承天宫、天护宫、顺天宫，板桥亮天宫，土城德天宫，三重义天宫，林口赞天宫、嘉天宫，五股圣天宫等。

带"安"字者也相当多，寓意妈祖能护国安民，祈愿人民安居乐业。如：台北泰安宫、北安宫、成安宫等。

带"慈"字的亦不少，应是寓意褒扬妈祖的慈爱精神。如：台湾的慈后宫、慈护宫、慈诚宫等。

还有带"龙、凤"字眼的，寓意龙凤呈祥，如：台湾基隆金凤宫，新竹龙正宫、凤和宫等。

也有带"福"字的，寓意妈祖恒赐福祉，人民生活幸福。如：台北南福宫、福成宫、福佑宫等。

也有些宫庙名称意在彰显与大陆湄洲祖庙等著名妈祖庙的联系。如：台北、台东的湄圣宫，台南县安定湄婆宫、将军乡清湄宫，台南市湄洲宫，彰化县埤头乡湄洲三妈会。这些含"湄"或"湄洲"字眼的宫庙，都是为了彰显与湄洲祖庙的渊源关系。

当然，也有许多不用以上常用字眼命名，而是另辟蹊径，别创一家。如大甲镇澜宫、彰化南瑶宫、南屯万和宫、南投广盛宫、北投朝阳宫、茄萣乡金銮宫，嘉义桃花宫等等，皆各出心裁，成百上千，无法穷举。

（摘自：刘福铸/文，《中华妈祖》2012年第2期，《妈祖学概论》第二章）

二、一位致力于弘扬妈祖文化的践行者

妈祖文化经过千年的传播演绎，已成为中华优秀传统文化的重要组成部分、成为沟通海内外华人特别是台湾同胞的桥梁和纽带。在为弘扬妈祖文化而工作的每一天，都会被一些人和事感动着，因为妈祖文化丰富内涵和广博外延以及其对现代社会的贡献，也因为那些为弘扬妈祖文化而全身心投入、竭尽全力地努力工作，真正令人钦佩的人们。

在为弘扬妈祖文化而努力的千千万万人群中，一提起林文豪先生，众人有口皆碑。不是因为他当过校长，桃李满天下；不是因为他当过莆田市政协主席造福一方；而是因为他与妈祖文化渊源密切，致力于弘扬妈祖文化而闻名天下。

上世纪80年代，湄洲妈祖祖庙由于历史原因，建筑物只剩下寥寥几处。虽然妈祖文化在人们头脑中根深蒂固，但其具体表现形式上却远远不及旧时的规模，甚至有些仪式还被人遗忘。台湾有三分之二的总人口信仰妈祖。当大陆妈祖文化处于低潮时，台湾则是轰轰烈烈

地开展着各类活动。台湾同胞在进行妈祖文化活动的同时，念念不忘妈祖文化的发祥地——湄洲妈祖祖庙，心中一直向往到湄洲妈祖祖庙谒祖进香。尽管两岸隔绝，台湾同胞向往湄洲妈祖祖庙的心愿从未放弃过。1978年，大陆政策转向开放，台湾的一些渔民就冒险偷偷开船来湄洲妈祖祖庙谒祖进香。可是，湄洲妈祖祖庙此时是满目疮痍，令人心酸。当时，在后来被人尊称为"活妈祖"的林聪治女士发动下，信众众志成城，为复兴妈祖文化，恢复妈祖祖庙建设而努力。虽然当时经济条件不好，但人们或出力、或出物、或出钱，众人捡柴火焰高，终于使妈祖祖庙复兴工作取得了一些进展。可是，时处改革开放初期，人们对妈祖文化的认识还有所偏歧，有人甚至还认为是迷信活动。如此一来，在复兴妈祖文化和恢复湄洲妈祖祖庙建筑过程中遇到了许许多多的问题，导致妈祖文化工作处于时兴时停的状况。此时林聪治女士四处奔波，广为呼吁，得到各界有识之士的热心支持，特别是林文豪先生的大力支持，从而得到突破性进展。

林文豪先生出生在大户人家，祖上与妈祖文化有非同寻常的渊源关系，他出身九牧林家，与妈祖同为九牧后裔。其祖父林竹庭曾经对妈祖文化做出很大的贡献，湄洲妈祖祖庙寝殿至今尚留刻有"丁亥年秋董事林竹庭携男剑华倡募重建"的正梁。厚重的家学渊源铸就了林文豪先生对妈祖文化深厚的感情，也使他后来倾注了无限的心血。1986年，林文豪先生出任湄洲妈祖祖庙董事会董事长，与常务董事长林聪治女士一道挑起了弘扬妈祖文化的重任。

从此，林文豪先生与妈祖文化结下了不解之缘，并全身心地投入

林文豪主持妈祖文化活动

到弘扬妈祖文化事业中去。

　　1987年，是妈祖羽化升天1000周年。在台湾到处都有祭拜妈祖升天1000周年的场面，从霓虹灯闪亮的台北闹市到僻静的垦丁乡村，从东临太平洋滚滚波浪的花莲到与大陆仅一水之隔的台中，无处不沉浸在纪念妈祖千年之祭的氛围中。这时在海峡西岸的湄洲妈祖祖庙，也不例外，正筹备着纪念妈祖羽化千年祭活动。时隔多年未进行妈祖祭拜活动，还有台湾同胞第一次要组团到湄洲共同祭妈祖，这对祖庙而言是破天荒的大事。如何进行祭拜？如何接待台胞？何人当主祭？何人当活动总指挥？还有，祭拜妈祖涉及两岸关系，该如何组织？祭拜妈祖是迷信活动还是民间信仰，该如何看待、宣传？这些大事都一股脑压在林文豪身上。此时林文豪既是湄洲妈祖祖庙董事长又是莆田市政协主席；既要当好湄洲妈祖祖庙董事会这民间组织的家，又要当好莆田市政协这政府的官；既要执行领会大陆的"政策"，又要把握并运用正确的政策接待来自台湾的同胞，还要面对内地与境外人士的接待等问题，同时还要兼顾来自各地各阶层不同人群对妈祖文化持不同言论的压力，也要正确应对新闻媒体的采访……，林文豪真是日理万机，废寝忘食。

筹备妈祖羽化升天1000周年纪念活动期间，有一天已过午夜，林文豪先生刚忙完一天的各种工作正准备休息，这时传来了台湾的蔡先生刚抵达湄洲的消息，林文豪先生马上通知司机备车，他要前往宾馆陪台胞就餐。身边的工作人员都不忍心，因为已连续一个星期都是过了午夜才休息的，司机也担心他身体吃不消，婉劝他等明天再会见客人。林文豪语重心长地对身边的工作人员说："台湾同胞不远千山万水，辗转千里来到这里，我们要拿出真心，热情地欢迎他们，我一定要去见见他们。"当台胞蔡先生看到满脸疲惫的林文豪出现在面前时，激动得连话都说不出来，只见他不停地点头致谢。从那时起，林文豪与台胞蔡先生结下了不解之缘，也成为肝胆相照、推心置腹的知交。

1987年，湄洲妈祖祖庙举行"纪念妈祖升天1000周年"大型祭拜活动，为了使妈祖文化得到更广泛的宣传和影响，林文豪先生主动担任主祭，身着古服，手捧祭礼，跪拜叩首，场面隆重，庄严肃穆，在海内外引起巨大反响。当时一些重要媒体都报道了此事。有人担心林文豪先生有担当"迷信头"的风险，林文豪泰然置之。认为："这是在进一步弘扬妈祖文化、做妈祖文化的最好办法，就是要做到'润物细无声'。为了促进两岸交流，增进两岸人民的感情，我担这风险很值得。"在林文豪先生的感召下，台湾同胞及海外侨胞从四面八方络绎不绝地奔向湄洲妈祖祖庙谒祖进香。当年，湄洲岛就创下接待台胞6万多人次的纪录。从此台胞接连不断地来湄洲谒祖进香，每年达10万之众。

林文豪先生深知，弘扬妈祖文化不但要在形式上体现，更重要的是挖掘其内涵，这样才能更好地发扬光大。因而努力地开展文化研究工作，亲自主编《湄洲妈祖》，系统地介绍妈祖文化及其对现代社会的影响和作用。他在《湄洲妈祖》这本书的序中写道：妈祖文化是中华优秀传统文化的重要组成部分……妈祖不是凭空想象的神灵，而是一个实实在在的人，一个勇敢无畏的人，一个充满传奇色彩的人，一个对历史社会有贡献的人。林文豪先生还经常说："崇拜妈祖是一种美德，一种向往，一种寄托。"后来林文豪先生着手组建"妈祖研究会"，并担任会长，又积极联络海内外著名学者担任研究员和顾问，组织开展"妈祖文化学术研讨"，把妈祖文化研究向广深推进。1990年，由湄洲妈祖祖庙、妈祖研究会、莆田市社会科学联合会与台湾北港朝天宫联合主办"妈祖文化国际学术研讨会"，来自美国、日本、韩国及东南亚一些国家和地区的专家学者纷纷前来参加，取得良好的成果。接着一系列学术成果问世，《妈祖研究论文集》《妈祖文献资料》《海内外学人论妈祖》等都是学术价值极高的著作，受到海内外各界人士的广泛关注和称赞。这些成果推动了妈祖文化研究跨越式的发展，也将"妈祖热"推向高潮，并经久不衰。后来"妈祖研究

林文豪主持祖庙山妈祖雕像奠基与小样揭幕仪式

会"由于发展需要，改为"湄洲妈祖文化研究中心"，林文豪先生又担任主任。在担任"湄洲妈祖文化研究中心"主任期间，他积极组织妈祖文化研究，并开展了与世界各地学术研究机构的交流，出版了《清代妈祖档案史料汇编》等学术价值极高的文献，还重印了《天后显圣录》等古籍。

在建设湄洲妈祖祖庙工作中，林文豪先生竭尽全力，从总体规划、资金筹措，到方案实施，都倾注了自己的一番心血。在林文豪先生的努力下，湄洲妈祖祖庙复建工程迅速开展。

在林聪治女士的积极努力和林文豪先生的大力支持下，寝殿复建工程率先完成。为了体现妈祖庙规模，林文豪先生通过多种渠道请来了北京的建筑专家，对祖庙进行总体设计，终于在妈祖山上建设和修葺了寝殿、正殿、钟鼓楼、仪门、山门、朝天阁、升天楼、梳妆楼、爱乡亭、观音殿、龙凤亭等大小36处建筑物，布局错落有致，规模壮丽辉煌。不久又雕建起了一尊妈祖石雕像，把妈祖慈爱、安详、善良的内涵充分表现出来，并按相同方案设计制作一尊赠送给台湾北港朝天宫。这两尊妈祖石雕像已被世人公认为经典之作。现在，伫立在两岸的两尊妈祖石雕像，遥遥相望，意涵深远。

在湄洲妈祖祖庙建设工作中，筹集资金是一件较为困难的大事，林文豪先生充分利用各种有利条件，广泛发动海内外各界人士积极支持祖庙建设，使祖庙建设有序开展。为此林文豪先生，也受到了很多人的称道。

几年后，为了满足信众的朝拜需要，计划在妈祖山的东麓建造新的建筑群，林文豪先生多方联络，终于邀请到清华大学的设计专家拟定了新天后殿建设方案。林文豪先生还多次主持了天后殿建筑群方案的论证会议，提出了许多修改意见。经过林金榜董事长等人的共同努力，新天后殿建设日臻完善。如今人们看到的新天后殿建筑群，依山傍海、布局合理、宏伟壮观，被人誉为"海上布达拉宫"，这与林文豪先生的辛勤工作、努力付出是分不开的。

当年过古稀时，林文豪先生依然不减满腔热情，为弘扬妈祖文化奔波努力。为了做好与台胞的交流联谊工作，他先后六度赴台，为发展妈祖文化事业、为发展两岸关系做出了巨大贡献。

2000年，已过古稀之年的林文豪先生，为了促进两岸同胞的往来，与林金榜等一起第五次踏上赴台访问的征程，当时他身体虽然十分硬朗，但一路奔波，还是不免令人担心。不过林文豪先生神采奕奕，热情洋溢，每天一大早赶路，中午也不休息，晚上又很迟才回宾馆，来往于台湾各宫庙之间，与台湾同胞促膝谈心，推心置腹，结识了不少台湾各界的新朋友，探望了不少老朋友。有一天在台北，他接到台南一位老朋友的电话之后，不顾劳累立即从台北飞往台南，又赶了近百公里路程，探望这位陈姓朋友。两人相见时高兴得热泪盈眶，在场的人都被感动得眼眶湿润了。不断的奔波劳累，加上连续多天没有休息好，让林文豪先生闹了肚子，同行人都劝他休息，只听见他对大伙说："没有关系，我一定要坚持，为了妈祖，再大的困难我都要克服！"听了林文豪先生的话，大家都深受感动，为他的忘我精神、虔诚妈祖心和对工作认真负责的态度所感动。

林文豪台湾同胞合影

林文豪先生热心妈祖文化交流联谊工作的例子不胜枚举。记得在1998年澳门即将回归祖国之际，澳门立了一尊纪念回归的妈祖玉雕像，湄洲妈祖祖庙董事会组织了一支近二百人的队伍赴澳门，为玉妈祖举行开光典礼。当时为了扩大影响，开光队伍在澳门境内举行踩街活动。踩街队伍从关闸到府右大街，徒步二三个小时，很多人都担心林文豪先生的身体，在踩街过程中，多次劝他不要太劳累，请他坐车前进。林文豪先生却坚定地说："像这样的大型活动，我要发自内心，坚决做到不'偷工减料'。"就这样林文豪先生在澳门活动中，克服众多困难，自始至终参加踩街活动，并主持了祭祀大典，还担任主祭人，使妈祖文化在澳门这个多元社会里更加深入人心。澳门电视台把这次活动向世界各地作现场直播，使世界各地都能及时看到妈祖文化活动在澳门的盛况。当时澳门总督韦奇力称：妈祖会给澳门带来繁荣。澳门几大重要媒体报道：澳门万人空巷，治安案件趋于零，这是妈祖的威力。这次活动获得空前成功，与林文豪先生坚持亲临第一线克服困难，积极投入有着紧密的关系。

"宋代坤灵播，湄洲圣迹彰"。妈祖文化历时千年，如今在广大妈祖文化工作者的积极努力下，已"无处不馨香"。无论是湄洲妈祖祖庙建筑，还是妈祖文化的深入研究；无论是与世界各地妈祖信众进行联谊，还是妈祖文化盛大的节庆活动，都倾注了那些为弘扬妈祖文化而努力的人们的心血，特别是与林文豪先生这样为弘扬妈祖文化不怕艰辛，呕心沥血的"妈祖人"分不开的。记得在《妈祖》邮票发行仪式上，林文豪先生曾说："《妈祖》邮票是一张名片，我要做名片的传递人。"的确，妈祖文化的弘扬，需要千千万万像林文豪先生这样竭尽全力的人，需要他们来传递妈祖精神正能量。

（摘自：《缘结妈祖　心通两岸》）

三、林聪治在湄洲妈祖祖庙的"起义"

上世纪70年代后期正值中国社会历史性的大转变。此时，人们心中不可忘却的妈祖时常会引起人们的关注，时不时有些人偷偷到湄洲妈祖祖庙的废墟上烧香祭拜。据说还有来自台湾的渔民偷偷到这里，一来二往中，恢复妈祖庙建设的想法已悄悄在民间酝酿。这复建妈祖庙，林聪治功不可没。

林聪治是湄洲人，排行第八，大家称她为"阿八"。林聪治养育有三男七女共十个孩子，肩负着协助丈夫养家糊口的重担。每天起早贪黑织渔网，还做卖渔网的小买卖，经常往来于莆田与福清之间，忙得不亦乐乎。虽然没有因做渔网买卖而发大财，但全家的日常生活过得也算可以。有一天晚上林聪治做了个梦，她梦见妈祖找她，并告诉她："你要用心做妈祖庙恢复工作，妈祖会保佑你称心如意，吉祥、平安、发家。"此时的妈祖庙一片废墟，残垣断壁，满目疮痍，从何入手恢复，毫无头绪，因而她迟迟不敢着手。此时如果林聪治要去建妈祖庙，就必须选择放弃现在的"事业"，而家中的经济收入也会因此变得不稳定，可家中十个孩子上学、日常生活等等都需要花钱。林聪治后来说，当时每晚都难以入眠，一直在考虑的是坚持还是放弃恢复祖庙建设的想法。然而妈祖给她多次托梦，使林聪治毅然决定全身心投入到妈祖庙

林聪治在复建后的湄洲祖庙与信众合影

的恢复建设工作中。此后,林聪治开始四处打听求助,"招兵买马",筹资筹物,寻找能工巧匠。

一次机缘巧合的机会,林聪治了解到原来妈祖庙寝殿有一根梁还在公社"三忠馆"里。林聪治心想,如果能把这根梁"偷"出来,那可以解决很多问题的。一可以搞清楚祖庙寝殿原来的建筑尺寸,二可以解决当时一梁难求的问题,三可以吸引更多的妈祖信众来参与妈祖庙建设事业。因此,林聪治下定决心一定要把这根大梁"偷"出来。经过多方的打探,有一天中午,趁着大家午睡,林聪治冒险进入公社探路,从公社的地理环境到工作人员的分布、活动规律等等都做了详细的了解和调查。心中有谱了,知道怎样取到那根梁,但是还有一个值得顾虑的问题:如果"偷梁"被发现,在当时可以说是"犯罪",要受"装大哥游街"惩罚的,还要祸及家人。一时犹豫不决的情绪涌上了心头。思考很久之后,她下定了决心,既然妈祖让林聪治做,林聪治就不害怕,妈祖总会保佑平安。有一天，正好工作组的干部都去外地开会，林聪治认为机会来了，赶快行动。她按照原先"考察"过的路线，找到了大梁，并悄悄地将梁取了出来，送到祖庙。终于，这根寄托了很多希望的梁"偷"到手了。令人欣喜的是，这并不是一根普通的梁。只见大梁上还清楚地刻有"丁亥年秋董事林竹庭偕男剑华倡募重建"字样，它记载了莆田名人林竹庭家参加修建祖庙这一段历史事实。因此，大梁的回归，更给了妈祖信众们信心，为祖庙的恢复建设奠定了基础。

　　大梁回来了，但这在当时很多人眼中有点"造反"的举动，让群众们望而却步，不敢加入。可要恢复妈祖庙，必须要靠群众的力量。林聪治每天起早贪黑，天一亮就有条不紊地忙碌着，天一黑就计划着明天要做什么，应该如何干，应该如何劝导更多的群众参加恢复建设。正在此时，阿八出现了坚定的支持者，挺身而出的有外号"阿二"和"十六"的两位女士。朱阿二，高朱人，十分贤慧，在村里受人尊敬，在恢复祖庙工作中，她比一般人更加积极，家中孩子还小，她每天想办法，把孩子安顿之后就到祖庙去，别看她没有文化，但她在打理祖庙一些锁事上条理清晰，她的管理才能令人刮目相看。高十六，家住妈祖诞生地的上林村，人年轻，办事情干净利落，统筹能力强。她们三位外号都带有数字，因此她们的组合被称为"二八一十六"。这两位姐妹的加入，让整个妈祖庙恢复建设工作更加有序。"二八一十六"组合经常聚在一起，讨论着如何发动群众加入到建设团队当中。时间一天天过去，政策也逐渐宽松，民众的顾虑渐渐减少，加入的成员不断增加。林聪治她们三个在祖庙恢复工作中遇到任何困难，都能一一解决，不知不觉中林聪治三人的威信也提高了。到最后,不管是从湄洲岛最南端的下山村,最西边的汕尾村,还是靠近海边的莲池村,离祖庙最近的宫下村,人们都带着干粮、劳动工具,来来往往于祖庙与家之间,团结在林聪治身边致力于祖庙恢复重建工作,在林聪治等三位湄洲女的带领下,整个祖庙恢复建设工作非常顺利。

1981年11月,林聪治迎来一位来自远方的朋友——台湾蔡辅雄先生。他是第一个到妈祖故里湄洲岛的台湾"客人"。林聪治依稀记得那天,照样和平常一样做着手里的工作。林聪治从来都没有想到会有其他地区的人到湄洲妈祖祖庙来,更不用说是来自台湾的。林聪治没有受过正规的学校教育,对于这位来自海峡对岸的朋友,无法用普通话或闽南话进行交流,只能通过肢体语言来了解彼此的用意。林聪治与蔡辅雄先生之间虽然因语言的隔阂而没有进行正常的言语交流,但语言的障碍并没有阻挡蔡先生拜妈祖的心愿。林聪治看着蔡先生不远千里从台湾到祖庙,只为见"妈祖"一面,心中不由得万分感动,也更加坚定了恢复祖庙这项巨大工程的信心。当时,林聪治找出一张纸,拿出一个印章,盖下去之后纸张上面显示出"湄洲妈祖祖庙"几个字,这让蔡先生一下明白了这里就是他要找的天下妈祖的祖庙——湄洲妈祖祖庙。林聪治领着蔡先生经过废墟,到了一间供着妈祖的草寮,心想着台湾那边是讲闽南话,而莆田话和闽南话之间也有共通的地方,所以在前往茅屋庙的路上,边走边用地道的莆田话介绍说,妈祖最早诞生在这里生活在这里,也在这里升天,这是"湄洲妈"。虽然现在还是残垣断壁,但相信不久的将来会恢复起来的。蔡先生似懂非懂地点头称是,他能完

林聪治接受林金榜董事长颁发名誉董事长聘书

全听懂的是"湄洲妈"三个字。林聪治看着这位突然到来的和善的"台湾客人"，竟如此虔诚地拜着妈祖，心中再次被感动。在拜完妈祖之后，林聪治陪同着蔡先生到码头，路上再次用肢体语言拉近了彼此的关系，从此林聪治与蔡先生结下了深厚的情谊，直到今天，林聪治与蔡先生还以"姐弟"相称。

　　渐渐地，祖庙在众人努力下开始恢复，已不再是荒芜的"闲人勿近"的"军事重地"。1983年来祖庙帮助修复的信众越来越多，各种活动也随之兴起。如逢农历初一、十五常搭台演戏，而这"热闹"场面与离祖庙咫尺的部队营区的森严气氛构成了鲜明的对比，当然一定程度上影响了部队的战备。后来，有位部队领导接到营区的反映后，来岛考察，下结论说，"这太不像话了，怎么可以让封建迷信扰乱军区战备工作呢？"一声令下，就要推翻祖庙现有的一切。这情况让林聪治吓出了一身冷汗，辛苦这么多年的"地下工作"怎能就这样毁于一旦？怎么能就因为对方的一句话而搁浅呢？林聪治急中生智，她咨询了当时的莆田县台办、文化馆中几位支持祖庙恢复工作的人员，他们认为湄洲妈祖祖庙是县级保护单位，不能被随便拆除。经过多方的不懈努力，文件送到了省里，而省里下来的批示则是"暂缓拆庙"。这让所有人欢呼雀跃、欢喜不已。有了省里领导的"撑腰"，祖庙的修复工作就越来越顺利，工程进展也越来越快。那时常有台湾渔民为奉请湄洲妈祖神像，偷偷开着渔船来大陆，先停靠在霞浦三沙港，然后再找车辆，从霞浦经过一天的跋涉到莆田，又乘小舢板前往湄洲妈祖祖庙。当时林聪治非常高兴，都按传统习惯，分灵妈祖神像去台湾。从此她与台湾渔民信众建立了良好的关系，后来不少渔民都偷偷到湄洲祖庙进香。

1989年5月6日，台湾宜兰县苏澳南天宫管委会组织20艘船共224人到湄洲岛祭拜妈祖，这是建国后第一个直航湄洲岛朝拜妈祖的大型团队，首开两岸阻隔50年来台湾直航祖国大陆的先河。那天湄洲岛人山人海，台湾同胞三步一磕头，两步一回首。那种虔诚让林聪治终身难忘。后来林聪治也组织和参加了1997年妈祖金身巡游台湾的活动，在台湾，看着到处都是人山人海进香朝拜妈祖的人，她深受触动。此后，再也没有什么力量能够阻挡台湾妈祖信众来大陆祖庙寻根谒祖进香朝拜的潮流了。林聪治也成为了领导湄洲妈祖信众成功"起义"（方言是"创业"的意思）的功臣。

（摘自：《缘结妈祖　心通两岸》）

四、蔡辅雄先生与湄洲妈祖的三十年因缘

　　蔡辅雄先生在台湾北港朝天宫任职的40年里，与湄洲妈祖祖庙结下了奇特的因缘。事情可以从1981年说起：那一年蔡辅雄在香港屯门的邵氏工业区租了工厂，生产ABS的再制原料。当时有位叫黄继共的雇员来自泉州官桥文斗，蔡辅雄从他的口中得知，大陆已经对外开放。此时，蔡辅雄虽然人在香港，但一直挂念台湾妈祖与湄洲妈祖的渊源关系。台湾的电视台介绍朝天宫的妈祖是康熙三十三年

蔡辅雄发言

（1694），由树璧和尚从湄洲朝天阁奉请至笨港（后代分为北港和新港），北港妈祖庙即今朝天宫。因为蔡辅雄一次也没有去过湄洲妈祖祖庙，所以在脑海中不曾断过的念头就是：无论如何我一定要去湄洲妈祖祖庙走一趟。

于是，蔡辅雄询问黄继共如何才能到湄洲祖庙？黄向蔡辅雄耐心解释，可由香港入境，不过要到中国旅行社申请通行证，才能进去大陆。那时并没有完全开放，两岸的状况又十分特殊，到大陆的台胞几近于零，因为台湾当局给民众灌输的是，大陆同胞还在啃树皮。即使这样，他也依然感到湄洲祖庙的妈祖在对岸呼唤着他。终于在那个特殊的年代，蔡辅雄鼓起勇气，拜托继共带自己去香港中环的中国旅行社申请通行证。当时香港还未回归中国，台湾人在英属殖民地的香港，也算是异乡人。进入位于地下室的中国旅行社，心里的忐忑不安不是用言语所能形容，最终蔡辅雄还是拿到了通行证，开始之后的大陆旅程。

继共告诉蔡辅雄必须走水路，先乘坐"集美号"轮船到厦门，再从厦门到湄洲。那时候班次很少，一星期只有两班，不过蔡辅雄还是订了两张船票和继共一同前往。1981年11月17日中午12点，蔡辅雄登上了香港开往厦门的船。这艘船在海上航行了将近20小时，11月18日早上6点到，8点边防上班才下船。

下船前，耳边传来广播："台湾同胞优先下船。"这话一直重复了几次，然而蔡辅雄坐在头等舱内迟迟犹豫，不敢下船。蔡辅雄还记得当时告诉继共："船下都是坏人，我们先别下去。"两人就那样待在船舱，直到有一位晋江地区的台办人员上船，走到蔡辅雄身边来，告诉他先下船，其他人都在等他先下船，因为船上只有他一个台湾同胞。蔡辅雄告诉他：台办先生，船外都是坏人，蔡辅雄怎么可以下船！台办人员笑着说：哪里有坏人？蔡辅雄告诉他所有穿绿色衣服的人员（在台湾的电视上宣传穿绿衣的都是共产党，都是坏人，对人残暴）都是坏人。他回答蔡辅雄，不是的，那几位是边防的工作人员，他们的衣服是绿色。蔡辅雄心中的石头这才放下。台办人员还跟蔡辅雄说，两岸互相宣传，事实并不像你们所想的那样。应该是蔡辅雄身份特殊，有多位台办工作人员引领着蔡辅雄去办理入住手续，办好手续后还用车送蔡辅雄到华侨饭店，办理入住手续。台办人员告诉蔡辅雄说，晚上来接，要请他们吃饭。就这样，胆颤心惊却又平安度过了在大陆的第一个夜晚。

11月19日早晨，蔡辅雄想到厦门街上走走，找来了继共。两人走出了饭店。那时候的厦门，只有两三条较好的路。印象中是在中山路上逛，一直到下午才回到饭店。蔡辅雄希望能尽快到湄洲妈祖祖庙看看。回到饭店后，告诉服务员，他们需要租一台车到湄洲岛拜拜。服务员回答说，"好，马上通知出租车，不过要等上几天。"那时，蔡辅雄不懂为什么租一部车要等上几天？之后从服务员的口中得知，整个厦门没有几部车，必须要先登记才能安排。蔡辅雄他们在厦门足足等了三天，才盼来服务员的通知：明天早上八点会有一部面包车来接他们去莆田湄洲岛，早上出发，下午才能抵达。

当时，只有国道，还没有高速公路，且路况很差，在狭窄的泥泞路上，只能缓慢前进。第一次到大陆，蔡辅雄十分好奇，他依稀记得从厦门出发沿途经过同安、马巷、水头、官桥、大盈、泉州、惠安、枫亭，从枫亭再走小路往笏石到忠门。在忠门，找到一条渔船，蔡辅雄问了开渔船的人，告诉他："我们要去湄洲岛。"船主说："好，来回每人10元，两人20元人民币。"于是蔡辅雄两人就这样再次乘船，前往湄洲岛。上岸后从一条小山坡路上去。蔡辅雄心想朝天阁就在那了吧！心里十分欢喜也满心期待，谢谢妈祖，总算让平安抵达了。蔡辅雄他们好不容易爬上山坡，但一眼望去，映入眼底的景象，只能用"荒凉"两字来形容。山上人烟稀少，祖庙哪里去了？哪来的祖庙？只有破砖残瓦和遍地的黄泥碎石，还有一间茅草屋。原本期待的心情顿时急转，仅剩沮丧、失望。

蔡辅雄慢慢走向了一间茅草屋，里面住着一位女士，蔡辅雄询问她，请问妈祖庙"朝天阁"在哪里？那位女士没有回答蔡辅雄。蔡辅雄又比手划脚问了她几次，这才发现她不会说普通话。之后她拿了一个木头印章，盖在纸上给蔡辅雄看，蔡辅雄才知道这位女士就是后来湄洲妈祖祖庙的董事长林聪治(阿八)。

因语言不通，蔡辅雄只能用手表示他们想去"拜拜"。她也猜到了，就带着蔡辅雄进入茅屋内拜妈祖。拜完之后，蔡辅雄告诉她，他们要离开了。阿八陪着蔡辅雄一直到了码头，蔡辅雄告诉她："我会回来看你的，也会再来祖庙的。"时间虽然很短，但因为缘分，她(阿八)与蔡辅雄结成了好友，阿八还送了一张相片给蔡辅雄，那是以前祖庙的照片。

上世纪八十年代后期，台湾到大陆探亲的人渐渐多了，最流行的

蔡辅雄在莆田参观妈祖文化活动

礼品不外就是台湾的电器用品，如电视机、电冰箱、相机、电饭锅、收音机等。当时台湾人到大陆可享受优待，经济能力明显宽裕的蔡辅雄，可以轻易买一台电视机带进大陆。蔡辅雄也不免俗套，在1982年第二次进岛时，蔡辅雄从香港买了一台日本产的电视机入岛，赠予祖庙阿八。当时的湄洲岛，全岛可能没有超过三台电视机。是因缘吧！之后的蔡辅雄，经常往来湄洲、厦门与香港，与阿八讨论兴建祖庙事宜，一次次的交谈中，彼此加深了了解。阿八告诉蔡辅雄，她有七个姐姐，她排行第八，所以大家都叫她阿八。她们家男丁稀少，所以希望蔡辅雄成为她的弟弟，之后阿八一直称呼蔡辅雄为弟弟。

频繁的往来，让厦门、莆田的台办人员都成了蔡辅雄的好友。有一天蔡辅雄在香港接到福建省台办主任林江(台湾台北人)的一通电话,他告诉蔡辅雄,林文豪(时任莆田市政协主席)和他,还有相关政府人员要去香港，请蔡辅雄负责接待。抵达香港后，蔡辅雄询问了林文豪董事长(他与阿八同是湄洲妈祖祖庙的董事长)来港缘由。文豪告诉辅雄此行的目的其实是希望能找到一些老同学、同乡、友人，或者华侨，回到莆田举办妈祖"千年祭"活动。蔡辅雄向林文豪主席报告，台湾28年前就已经办过这样的活动。林文豪主席向蔡辅雄说明："台湾办的活动是妈祖'一千岁庆典'，现在要办的是妈祖成道千年祭。"蔡辅雄这才了解原来纪念的事件不同。蔡辅雄向林主席建议："你们要办个活动比较麻烦，大陆并没有开放拜神这回事。"林主席同意了蔡辅雄的说法。最后的讨论结果是，让蔡辅雄回到台湾朝天宫向董事会报告此事，并由台湾来办理妈祖成道千年祭的活动。林主席一听也欣然同意。

蔡辅雄从香港回到台湾后，即刻向当时的朝天宫董事长郭庆文报告："是否可以办妈祖成道一千年的活动。"郭庆文听后说，如果不是你回来说这个活动，台湾宫庙都不知道，当下就同意了蔡辅雄的提议。郭董事长问蔡辅雄："你有什么想法?"蔡辅雄说："每年都会有台湾地区其他的妈祖宫庙来北港进香，朝天宫应该到全省各地绕境祈安。"郭庆文同意了蔡辅雄这个建议，告诉蔡辅雄说要向董事会提案。随后开董事会，顺利通过提议。之后按计划由吴祥总干事和蔡辅雄跑遍台湾各地宫庙，确定巡游路线。路线确定后，呈请各地民政部门和警察部门协助帮忙。筹备完成后，开始出庙27天（1987年10月3日至28日）的环岛绕境祈安。途中又接到澎湖天后宫的来文，说澎湖也欢迎北港妈祖到澎湖绕境，因此又决定再到澎湖海上绕境三天。在完成"妈祖成道千年祭"后，蔡辅雄将一套绕境的录像带赠送给林主席，希望通过林转给中央。

林文豪主席常与蔡辅雄联络，经常探讨如何共同弘扬妈祖文化。蔡辅雄对林主席说："你给蔡辅雄的使命，辅雄一定想办法做到。"在这样的往来过程中，蔡林两人结成了知交。有一次林主席亲自送两尊明代的妈祖（软身）像到香港公司让蔡辅雄供奉朝拜。蔡辅雄当时不敢请回台湾，只能事后拜托新加坡结拜兄弟陈伟利、王来吉两位请妈祖回台湾。其中有一尊寄在圣父母殿被火烧毁，另一尊被蔡辅雄的妹妹素卿请去嘉义朋友坛庙。蔡辅雄想要请回来时，嘉义朋友告诉蔡辅雄，妈祖现在在嘉义当医生救人，蔡辅雄就不好再请回来了。

蔡辅雄经常去湄洲岛，他发现祖庙还没有庙志，就出资印第一本庙志。1985年印成，送给来湄洲妈祖祖庙朝拜的香客。蔡辅雄住在莆田一年，有半年以上住在宾馆、招待所，后来蔡辅雄就自己租房住。

林主席与林聪治董事长与蔡辅雄闲聊时提出："蔡先生对祖庙是第一个有功劳的台湾人。"蔡辅雄向两位说不敢当，为妈祖的事业，蔡辅雄一定努力做。后来，他们两个就提出聘请蔡辅雄为湄洲妈祖祖庙永久名誉董事长，也提出湄洲妈祖庙与北港朝天宫结盟为至亲庙。1988年8月22日，蔡辅雄与郭庆文董事长及董事会董监事往湄洲签署至亲庙合同。蔡辅雄建议两宫互送石雕妈祖作为结盟的纪念物。经过协商，林文豪请北京大学、厦门大学、兴化大学等几位教授拟定设计方案，最后厦门大学利瓦伊祀教授所设计的妈祖造型，得到大家的认可。妈祖石雕在湄洲岛采料加工，厦门大学派周光渝教授全程监督，

蔡辅雄在湄洲妈祖祖庙接受采访

雕刻师分两批，每批各负责雕刻一尊。一批由惠安王万生负责，另一批由黄石镇朱伯英负责，历时一年雕刻完成。

雕像完成后，要送石雕妈祖像回台湾，林文豪说不能用货车送到厦门去装货柜，365块石头运到厦门，路不好，会损坏。林文豪请湄洲工人用木材制箱包装，借海军的船送到厦门转装货柜，再送抵台湾。妈祖祖像赴台前，还举行了隆重的仪式，蔡辅雄、朝天宫总干事吴祥、台北士林慈诚宫林正雄主委6人，参加了仪式。启程时，林文豪主持放飞千只和平鸽仪式，以表庆贺。当时蔡辅雄有一个灵感，向林文豪主席提出："我要为两宫石雕妈祖来题个名。"林文豪主席问："你要题什么名？"蔡辅雄说："'海峡两岸和平女神'，分立台海两岸遥遥相望。"林文豪说你很有学问，蔡辅雄回答说没读很多书，只是灵感罢了。

雕造这两尊妈祖石雕像，过程非常曲折。当时连董事会都有部分人反对，台湾当局那时候也没开放两岸交流。因这两尊妈祖石雕像，蔡辅雄遇到了很多麻烦。台湾调查局曾带蔡辅雄去做了六次笔录。多次要求蔡辅雄停止活动，就是不能做，说什么这是"资匪"。经历这么多波折后，蔡辅雄向林文豪说，这件事有一点困难。林文豪对蔡辅雄说，看远一点，这尊石雕妈祖像一定要放在北港。当时台湾有两家宫庙准备做妈祖石雕像，林文豪都没有答应，说一定要放在北港，不然不做。林文豪几年来都鼓励蔡辅雄，不管遇到什么困难，都不要灰心，这是一件功在千秋的好事。

此后十年，蔡辅雄不时前往湄洲，看有什么需要建设的地方，然后就跑回台湾找宫庙，找信众募捐集资。十年来，蔡辅雄平均每年去祖庙十几次，每一年都带几位信众去捐款，来回机票都由蔡辅雄处理。当时蔡辅雄说有钱出钱，有力出力，为的是能够尽早完成湄洲妈祖祖庙的复建。

湄洲祖庙和朝天宫两宫结盟后，蔡辅雄组织的以朝天宫为主的"第一届妈祖学术研习营"在莆田举办。1996年4月29日，湄洲祖庙董事长林文豪、林聪治，福建省台办主任林江、处长张文林，成员朱合浦、庄美华等首次奉送"首德妈"来台，北港朝天宫派几部游览车去桃园国际机场迎接。当时林文豪与林聪治对蔡辅雄赞扬说，蔡先生是大功臣啊！蔡辅雄总是自谦说不敢当。

回首往事，心潮澎湃。从上世纪八十年代初到现在，时间已经过去30多年。近年来，蔡辅雄和北港朝天宫，仍然一直致力于努力推动两岸之间的妈祖文化交流互动，如与湄洲祖庙联手举办"海峡两岸庆元宵妈祖灯会"，牵头组织台湾百宫赴湄洲谒祖进香等活动，影响都很大。每每看到妈祖文化在沟通两岸同胞情感中，起到无可替代的作用，海峡两岸同胞通过妈祖文化结缘，交流日益热络，蔡辅雄打心底感到了欣慰。

（摘自：《缘结妈祖　心通两岸》）

第三章 传说故事

CHAPTER 3

第三章

传说故事

第三章　传说故事

　　妈祖信仰起源于民间，妈祖的传说故事，首先是由民间口头创作和传播，只是早期的传说故事很少被收集和记录下来。直到南宋，才有文人收集资料和形成文字记载。

　　妈祖传说故事按时间划分，可以分为两大部分：一部分记载妈祖在世时的传说事迹，主要讲述妈祖所经历的不平凡一生，体现了妈祖聪慧慈爱、拯危救难、济世助人、惩恶扬善、降妖除魔的过人本领和崇高品质，反映了妈祖文化早期形成阶段的真实情况；另一部分记载妈祖升天后的灵应故事，这些故事往往以许多重大历史事件为背景，以相关历史人物的真实经历为依据，讲述了妈祖护国庇民、立德行善、显圣助航、广施仁爱的灵应神奇和伟大功绩，反映了妈祖文化不断传播和弘扬的历史进程。

　　广为流传的妈祖传说故事，取材于广大妈祖信众的社会生活实践，贯穿于妈祖文化形成和发展的各个阶段，是妈祖立德、行善、大爱精神的集中体现，表达了人们对人心向善、幸福安康的向往和追求，蕴藏着人们对风调雨顺、国泰民安的祈望和期盼，并且以自己独特的表达方式影响和改造着人们的内心世界、价值取向，对建设美好的精神家园和构建和谐的社会，都具有积极的现实意义。

本章以《天妃显圣录》《敕封天后志》等文献史料为参考，分"生前传说"和"灵应故事"两部分，各选取较具代表性的十则妈祖传说故事进行介绍。

第一节　生前传说

一、妈祖诞降

妈祖的父亲林愿是五代末的都巡检官，娶妻王氏，二人平日多做善事，积累恩德。已经生有一男五女，但每想到只有一个男孩未免势单力薄，就经常向上苍祈祷再赐一个聪明的儿子。一天，夫妇二人虔诚地向观音大士祷拜。当晚，王氏梦见观音大士告诉她说："你一家行善积德，现赐你丹丸一粒，服下它，就会有慈惠的恩赐。"于是，

妈祖诞降

王氏就有了身孕。

宋太祖建隆元年（960）三月二十三日，王氏腹内震动。只见一道红光从西北射入卧室，光辉夺目；顿时，满室迷漫着奇异的香气，久久不散。众乡亲闻讯纷纷前来围观。等到孩子出生，惟愨夫妇见所生的是女孩，大失所望。然而，妈祖生得奇异，父母十分疼爱她。妈祖从出生到满月，从来不啼哭，于是，就取名叫"默"。

二、窥井得符

妈祖16岁的时候，有一天，她和一群女伴在井边游玩。当她对着井水照妆时，忽然看到井中有一位神人手捧一双铜符，沿着井壁上来，还有一班仙官跟随迎护。女伴们见到这情状，惊恐地四处逃散。妈祖却并不惊吓，她从容地接过铜符。不久，神人们就遁形虚化消失了，众人无不感到惊讶。

妈祖自从接受铜符之后，不断修炼，洞悉奥妙，法力一天比一天变得灵通，经常是身在自己房间里，元神却可以超然云游在尘世之外，还能预示吉凶祸福。

三、机上救亲

有一年秋天九月的一天，妈祖的父亲和兄长渡海北上。当时，海面上突然刮起大风，狂涛汹涌，震天动地。妈祖正在家中织布，忽然在织布机上闭上眼睛，脸色也顿时变了。只见她手里紧握住梭子，脚

窥井得符

机上救亲

踏机轴，看上去像挟持着什么怕丢失似的。母亲看这般模样感到很奇怪，急忙将她叫醒。妈祖手里的梭子应声落地，不禁哭着对母亲说："阿爸救上来了，安然无恙，但哥哥掉入海中而亡了。"

不久，外面传来消息，果然正如妈祖所言。当时父亲在狂涛中惊慌失措，几乎溺水，隐约之中似乎有人稳住他的船舵，并且向妈祖兄长的船只靠近，但不知为什么，妈祖兄长的船只突然间舵断船翻了。原来，妈祖闭目之时，元神出窍前去救难，脚踏稳了父亲的船只，而手里挟持的是兄长的船舵。

四、化草救商

湄洲屿的西侧，有个村庄叫"门夹"（今莆田文甲村），是出入港口的要冲，可这里暗礁交错混杂。有一艘商船经过这里，遭遇风浪，船只不慎撞礁，海水涌进船舱，眼见就要沉没了，船工们哀号求救。

妈祖对大家说："礁石中的商船快沉没了，可得赶紧施救！"但岸上的人们见狂风怒号，峰高浪急，不敢前往救助。妈祖于是拔起几根草向海面抛去，那草竟化作一排巨大的杉木，围拢在遇险船只的四周。那艘遇险船只因为有了大杉木的依托，就不再下沉。不久，风平浪息，船工们欢呼相庆，都以为是苍天相助。等到船只靠岸，整理舟楫时，忽然看到那些大木头一下子漂流而去，消失不见。船工们询问岸上的乡人，这才知道刚才化木附舟，都是神姑的法力所致。

化草救商

五、挂席泛槎

一次，妈祖想渡海外出，恰巧一艘小木船上没有篷帆和船桨。船夫又因风高浪急不敢解缆开船。妈祖安慰他说："没事的，可以用草席代替船帆使用。"随即叫人将草席挂在桅杆顶端。果然，强风鼓起席帆，船只急速飞驶，像只海鸥翱翔于白浪、白云之间。那草席沾水却不湿。妈祖在船上操纵自如，只见碧海之中，一片孤帆回旋灵活，追风破浪前进。岸上观看之人纷纷惊叹这一"飞渡"奇观。

挂席泛槎

六、铁马渡江

有一次，渔民们都北上捕鱼了，岸边没有剩下的船只，而妈祖急于渡海救难。于是，她就解下屋檐下所挂的"铁马"（原指挂在屋檐下的铁片、风铃），策马扬鞭，飞奔而去。人们只见一匹青白色的骏马在海面风驰电掣[chè]，如同天马行空，又奇怪又惊愕。等到妈祖登上岸，却未见到她解鞍喂马，马也不嘶叫，就更加惊讶了。

铁马渡江

七、祷雨济民

妈祖21岁那年，莆田大旱，山上的树木都枯焦了，河流也干涸了，百姓困苦不堪。全县的父老乡亲都说："除非神姑，不然谁都无法解除这场灾难。"于是，县尹［yǐn］（主管官）就前往妈祖故里，请求神姑为民祈祷降雨。于是，妈祖就登上湄峰，设坛焚香祈雨，并说："壬子日申刻会下雨。"可是等到中午，还是烈日炎炎，晴空万里，不见一片云彩。县尹说："神姑恐怕也没那么灵验吧？"没过多久，只见乌云四起，甘霖滂沱，平地上水深三尺。

等到秋天，农民大获丰收。各村各社纷纷举行祭祀酬神的活

祷雨济民

动，大家都向神姑欢呼致敬，称颂神姑的功德无量。

八、降伏二神

原先，西北方有两个灵怪：一个名"聪"，善于谛听，外号"顺风耳"；一个叫"明"，擅长观察，外号"千里眼"。他们两个经常神出鬼没，祸害百姓。村民们深受其苦，就向妈祖请求惩治他们。

于是，妈祖便打扮成民女的模样，混杂在采摘女的队伍中。十多天后，妈祖才与二怪相遇。二怪误认为她是一般的民间女子，就要上前来侵犯。妈祖大声怒斥一声，二怪听到急忙跳起离开，化作一道火光四处逃窜。妈祖把手中的丝帕轻轻一拂，顿时乌云蔽日，飞沙卷

降伏二神

地。那二怪不知所措，却仍然手持铁斧，恶狠狠地盯着妈祖。妈祖用激将法问道："你们敢扔下手中的斧头吗？"那二怪现出原形后不知是计，就将手中兵器朝妈祖掷去。不料，铁斧立刻就被妈祖镇住，再也收不回去。二怪瞠[chēng]目结舌，表示愿意降伏。妈祖见他们有悔改之意，就且放过一马。

　　过了两年，二怪又再次出来干坏事。他们扮成恶鬼的模样，千变万化，在水中兴风作浪，猖狂作孽，巫女道士都惩治不了。妈祖说出了其中的缘由："二怪经江河湖海的水德修炼，现在正乘旺相之势作乱，必须要用木土才能将其制服。"到了第二年的五六月间，乡亲们接连不断前来向妈祖询问惩治二怪的方法。于是，妈祖就施展神咒，只见林木震荡呼号，飞沙走石，二神怪无处躲闪，只好跪下降伏，愿意皈依正道。当时，妈祖才23岁。

九、恳请却病

有一年，瘟疫流行，莆田县长官全家都染上重病。有个小吏告诉县官，居住在湄洲屿的神姑法力广大，能够起死回生，救难消灾。县官听了，斋戒之后就亲自登门求救。妈祖对县官说："这是上天的旨意，我怎么敢随便违背呢？"县官苦苦恳求说："我千里到此为官，全家客居他乡，如今身家性命都寄托在神姑身上，祈望神姑大发慈

恳请却病

悲，拯救我们的性命吧。"妈祖考虑到他平日里当官还比较仁慈，就代他请求上天宽恕；然后，取菖[chāng]蒲九节，并且画了符咒，嘱托他将符咒贴在病人住宅的门楣上。回城后，患者将菖蒲煎熬饮服，很快都痊愈了。

县官欣喜妈祖恩赐第二次生命，于是带领全家人到神姑家登门拜谢。从此，神姑的名声传遍天下。

十、湄屿飞升

宋太宗雍熙四年（987），妈祖28岁。那年九月初八，妈祖对家人说："我喜欢清静，不喜欢居住在凡尘世界。明日是重阳节，我想去爬山登高。"实际上，这是她与家人预告分别。大家都以为妈祖只是去登高远眺，不知她将羽化登仙。

次日清晨，妈祖焚香诵经之后，对众姐姐说："今天我想去登山远游，畅抒情怀，道路难行而且很远，各位姐姐就不用同行了——如果受了伤怎么办呢？"众姐姐笑着安慰说："远游就远游呗，这有什么好顾虑的？"于是，妈祖就一直登上湄峰的最高处。只见湄洲屿上空浓云密布，遮住山头，一股白气冲天而上；隐隐约约中，听见空中钟鼓、丝竹、管弦齐鸣，声音悦耳浑厚又悠远，直上云天。众人看见祥云瑞气簇拥着妈祖悠悠然翱[áo]翔在青天丽日之间。大家纷纷惊叹着，小声哭泣着。只见妈祖从云端缓缓地向太空升腾遨游，时而又前后徘徊，俯视人间，若隐若现。一会儿，彩云密布，遮住山峰，无法

湄屿飞升

再见到她的身影了。

此后，妈祖又屡次显出灵异。乡民们有的在山岩水洞旁看见她；有的在她修道、升天之处见到她。妈祖常常赐梦显灵，给百姓送来福泽。乡亲们敬服妈祖，尊崇妈祖，共同在湄洲屿建造神祠祭祀她，称呼妈祖为"通贤灵女"。虽然当时的祠庙不大，只有几根屋椽，但却十分灵验。人们的祈求祷告，以及农事后举行的祭祀活动，几乎没有间断过。

第二节　灵应故事

一、祷神起椗

一天，有个叫三宝的客商，满载一船珍奇货物要运往外国。船停靠在湄洲，即将起航了，可船椗[dìng]就像被粘[zhān]住似的，拉不起来。船工下水查看，发现一个水怪一动不动地坐在船椗上，急忙浮出水面，向三宝禀报。客商大为惊恐，赶紧登岸，询问当地人："这里什么神明最灵？"有人说，这山上的灵女十分灵应。于是三宝就到

祷神起椗

祠庙里朝拜祈祷。船椗立即可以照常拉起了。三宝便在祠庙前的石头缝中插上一扎香，许愿道："神明有灵，此香为证，请您显灵庇佑水道平安无恙。如能大获利润而归，我一定扩大庙宇的规模，来答谢神明的大恩大德。"船行海上，遇到风浪危急之时，他就拈［niān］香朝天祈愿，都明显获得庇佑。

过了三年，三宝安全回航，又登访神祠，看见先前所插的一扎香，全部盘曲生根，萌发绿芽，变成了三棵小树。当时正逢三月廿三，是女神的诞辰，三棵树枝繁叶茂，香气浓郁袭人。客商三宝十分惊奇，于是按允诺捐款，大规模兴建庙宇，使原先的祠庙焕然改观。

到了宋仁宗天圣年间，灵女的神光屡屡显现，善男信女们更加感到妈祖的灵异，就再扩大庙宇地盘，再兴土木，整个庙宇、廊庑就更加巍峨壮观了。

二、枯槎显圣

宋哲宗元祐元年（1086），莆田沿海东面有个地方叫高墩，常常在夜里会有灵光闪现。渔民们以为有什么不寻常的宝贝，就前往近处探寻察看——原来是漂浮在水面的一根枯木发出光。渔民将它抬回去，安放在家中。第二天早晨发现，那枯木又回到了原处。再试几回，还是这样。

当晚，神女托梦给宁海高墩的乡人说："我是湄洲神女，这枯木就是凭证，大家应该奉祀我，我会赐福给你们的。"父老乡亲们感到

枯槎显圣

十分惊奇，就将此事告诉李泮[pàn]制干。

李公说："这木头是神灵栖身之物。我听说湄洲有个神姑，神迹显灵已经很久了，如今灵光闪现，感通明显，想必是神姑要给我乡百姓赐福了。承蒙神灵庇佑，庙宇就建在那个地方吧。"于是发动大家捐款奠基建庙，塑造神像奉祀，庙宇取名"圣墩"。祈祷者有求必应，十分灵验。

三、朱衣著灵

宋徽宗宣和五年（1123），给事中路允迪奉命出使高丽。途中大风骤起，八艘船只相继覆没了七艘，只剩下路公的船只在风浪中摇荡，即将覆没，十分危急。路公急忙向苍天祈求庇护，只见一位神女从天而降，身着红衣，端坐在桅杆上。路公赶紧叩头祈求庇佑。海面风浪顿时平息了下来，船只得以安宁。

亲身经历，加上同行的保义郎（官职）李振沿途讲述了很多妈祖显应的故事，让路公深有感触。出使高丽回来后，他对众人感慨地

朱衣著灵

说："世间最大的恩情莫过于生育我的人，我们一批人在大海中漂泊，在身临死难的关头，虽然父母有养育疼爱之恩，是最贴心的亲人，但终究爱莫能助。然而神姑却可以在危难之时，与我们呼吸相通，一呼即应——那天实在是给予我再生的大恩德啊！"

路允迪使节回朝禀报时，向皇帝奏明了神女显应护佑之事。宣和五年（1123），徽宗帝下旨，首次颁赐"顺济"庙额，免除祭田的赋税，在木兰、萩芦、延寿三溪合流的入海口立庙，奉祀妈祖。

四、温台剿寇

宋孝宗淳熙十年（1183），福兴都巡检使（官名）羌特立奉命征剿温州、台州二府的贼寇。官船集合部署刚完，贼船也像蚂蚁那样布满水面。官船上将士见了相当害怕。就在双方相持对阵的时候，官船上的将士齐声祈祝说："江河湖海上的神灵，只有神女夫人的威灵最为显赫，祈求您降临庇护我们。"隐约之间，看见神姑站立云端，车盖辉煌，旗幡飞扬，犹如闪电流虹。不一会儿，官军乘风破浪，直扑敌船。敌船在右，官军船队迅疾加快速度冲击他们。敌寇大败，贼首和他的党羽被擒获了，其余的敌船四散溃逃。

官军归来后，上奏妈祖暗中助战之功，第二年，奉旨加封妈祖为"灵惠昭应崇福善利夫人"。

温台剿寇

五、拯兴泉饥

宋理宗宝祐元年（1253），莆田与泉州两地遭受大旱，谷价暴涨，百姓饥饿难忍。男女老少早晚都在妈祖祠庙里磕头祈祷，夜里梦见妈祖安慰说："你们不用担忧，载米的船只立刻就到。"当时广东等地的商人，满载大米打算上浙江一带销售。偶然有一天夜里，这些商人们在梦里得到妈祖的指点："兴化和泉州的百姓饥饿叫苦，米价昂贵，赶快前往那里可以获利。"商人们醒来大喜，认为神明示意必定可以成倍获利，于是就将米运往兴化、泉州。南方载米的船只纷纷来到，密集在一起，兴泉百姓的饥荒得以解除，米价渐趋平稳。两郡

拯兴泉饥

的百姓都称颂上苍恩泽，可商人有些不满意，说神明所示的梦不灵
验。有人询问他们得梦的经过，这才恍然大悟，原来妈祖是为了拯
救二郡饥饿的百姓。大家又想起先前妈祖在梦中告知"载米的船只
很快就到"之事果然不假，都感叹妈祖的救命之恩。于是，纷纷焚
香拜谢。

皇帝知道这事后，下诏褒封妈祖为"灵惠助顺嘉应英烈协正妃"。

六、神助漕运

元文宗天历元年（1328），备海道万户府分司（元代设置的海运官署）负责运送皇粮的船队驶到大海，突遭风暴，巨浪滔天，七天七夜都不停息。船上的人筋疲力尽，粮船几乎翻覆。船员们悲伤地叫喊不停，向妈祖祷告。等到太阳将要落山的时候，只见有一灯火从天而降，映照船中，光亮如白昼一般。人们隐约中好像看见妈祖缓缓降临。不久，怒涛平息，船上的人觉得空气中弥漫着浓郁的香气。此后，水路平安无阻，船队一路直达天津直沽港。中书省上奏此事，于是皇帝下旨差遣翰林国史院学士普颜实理，携带御赐的香火宝帛，急速沿驿路前往妈祖宫庙祭祀致谢。

第二年（1329），漕运又得到妈祖暗中庇佑，使得漕粮没有一点

神助漕运

损失，皇帝就加封妈祖为"护国庇民广济福惠明著天妃"；派遣官员黄份等齐备各种礼品，专门赴湄洲举行特别的祭祀，并传令淮浙闽海等地，共同祭拜18所妈祖宫庙。

至顺元年（1330），780艘运粮船从江苏太仓县刘家港出发，在海上突然遭遇大风，波涛震天，桅杆在风中摇荡，数千船工在风浪中心惊胆战、哀哀呼叫，官吏们急忙向妈祖恳切祈祷。话还没说完，就见阴云中出现一道亮光，恍惚中有一位红衣仙女在华丽车辆的拥簇下，从天而降屹立在船前；随即又有一道火光照彻桅杆顶端，晶莹的亮光如彩虹一般，海上顿时风平浪静。七百余艘原先漂荡四散的船只，正要集合整理帆、桨，解开缆绳准备开航，又听见空中传来话语："船队要驶向东南方向的一座孤岛旁暂时停泊。"大家赶快驾船到孤岛停靠，刚刚抛锚下椗，海上就又狂风大作，暴雨倾盆。船上的人不禁相互安慰庆幸道："如果没有神灵的指示，我们早已葬身鱼肚了！"第二天，天空放晴，船队直达天津直沽港卸交粮食。中书省向朝廷上奏妈祖庇护的功绩，皇帝下旨御赐"灵慈"匾额。

七、救护郑和

明永乐三年（1405），钦差太监郑和等人（第一次下西洋）前往暹[xiān]罗国（泰国的旧称），行至广东惠东县大星洋时遭遇大风袭击，船只差点覆没。船工们请求向妈祖祈祷，于是郑和祈愿说："我郑和奉命出使外邦，忽遇风涛危险，我个人安危固然不足惜，只怕无

救护郑和

法报答圣上的重托了；况且船上还有几百个将士命悬一线，祈望神妃救救他们。"一会儿，就听见空中鼓乐齐鸣，一阵香风飒飒飘来，隐约看到妈祖站立在桅杆顶端。瞬时，海上风平浪静，已无危险。郑和归来回朝复命时，将海上遇险获救的经过奏明皇上，于是皇帝派遣官员到湄洲屿修缮祖庙。郑和自己还准备了五百贯宝钞，到湄屿祭祀神妃。

郑和奉旨七次下西洋，行前沿途要祭祀天妃，平安归来后要感谢天妃。在七次下西洋的航程中，有三次遇海盗，三次遇风暴，一次为外国国王生擒，冥冥中均受到妈祖庇佑，最后都平安度过。

八、助收台湾

郑成功东征收复台湾前，特意从湄洲祖庙请来了妈祖神像，安置于舰船内。

清顺治十八年（1661）三月初一，郑成功在金门举行了隆重的祭海誓师仪式，并选择妈祖的诞辰日三月二十三日（阳历4月21日）作为出发日。在祭祀妈祖之后，他亲率将士二万五千名、大小战船数百艘，从金门料罗湾出发。

次日晨，舰队越过风浪险恶的黑水沟，驶抵澎湖。岛上有抗倭

郑成功收复台湾

民族英雄俞大猷在嘉靖四十二年（1563）所建的妈祖宫。郑成功特地前往拜谒，并在岛上停留。一连几天，暴风雨仍然不停，粮食供应也发生困难。郑成功在虔诚祷告之后，当机立断下令说：我矢志恢复失地，念切中兴中华。收复台湾并非为了贪恋海外，苟延安乐。上苍会借我潮水，行我舟师。各位将士不要惧怕红毛外夷的炮火，紧跟我的帅船奋勇前进！

4月28日，郑成功率领水师冒着风雨起航。他在自己的座船上竖起帅旗，旁列五个方阵，发炮三声，锣鼓震天，直航台湾。

4月30日拂晓，东征舰队抵达鹿耳门港外。荷兰人以为鹿耳门水浅郑军不敢登陆，疏于防备。中午时分，海潮骤然大涨一丈多，又刮起顺风，郑军上下知道是妈祖神助，因此得以在向导的引导下，出敌不意地通过泥沙淤积的鹿耳门航道，顺利登岸，奋勇杀敌，取得了首战大捷。郑军后来乘胜追击，终于收复了台湾。

九、涌泉济师

靖海将军侯施琅于清康熙二十一年（1682）十月，奉命征剿（台湾），大军云集驻扎在平海（今莆田平海村）。这个地方靠近海面，多数是盐碱地，柴火和饮用水供应十分困难。只有天妃宫前有口小井供水，井很浅，遇到炎热干旱时节，更为枯竭。现在，几万大军驻扎在这里，饮用、炊事等用水难以维持。将军侯施琅只好向神妃像祈愿："因大军驻扎，希望借助神力，使井水能源源不断，以满足将

涌泉济师

士所需。"刚祈愿完，缕缕清泉涌出，真无异于"耿恭拜井"（东汉时，耿恭将军驻守西域疏勒城，曾拜天凿山为井）之奇，千军万马也取用不竭。于是，施琅镌刻石碑，题写"师泉"二字，并作《师泉井记》，以颂扬神妃的恩德。

十、澎湖助战

清康熙二十二年（1683）六月的一天，将军侯施琅奉命征剿台湾。澎湖是前往台湾的必经之地。但是，那里却被海盗盘踞着，经常出没骚扰，军队很难直接渡海。施琅于是整顿大军，鼓舞士气，发出

澎湖助战

进攻的号令。将士们在战船上都说，仿佛看到神妃就在他们左右，于是就更加奋勇前进。海盗大发火炮，施琅战舰也火炮齐发。海面上喊声震天，烟雾弥漫。战舰依次随尾跟进，左冲右突，威武凛然，威震敌胆。一战就消灭众多海盗，落水淹死的更是不计其数。当时，海盗头目还占据着别的岛屿，施琅舰船开炮攻击，藏匿在工事中的敌人只好驶舟逃窜。澎湖从此平静安宁了。

先前还没有攻克澎湖之时，署左营千总（官职）刘春在夜里梦见妈祖告知说："二十一日一定会拿下澎湖，七月份就能攻取台湾。"果然二十一日攻克澎湖，取得大捷，非常灵验。那天进攻澎湖，开战不久，平海乡民到天妃宫，发现天妃神像的衣袍都湿透了，她的左右二将（顺风耳、千里眼），两手都起泡了，围观的人非常多。当获知澎湖大捷，大家才知道这是妈祖神灵在暗中相助，功德无量啊。将军侯因为感激妈祖暗中神力相助，向皇帝上奏请予封赏。于是皇帝派礼部郎中雅虎等奉御香、御帛到湄洲祖庙致祭，施琅随同陪祭。施琅看见佛殿僧房尚未竣工，随即捐金二百两资助建造。

延伸阅读

妈祖民间故事选登

一、巧对策读

明代，福建漳浦有个书生叫做林士章，要往京都赶考。这一天，他走到惠安县涂岭水曲村九龙岗，在路边妈祖庙里歇脚。

林士章向妈祖祈求："妈祖保佑我得中，若能如愿，来日一定重塑'金身'。"

许愿完毕，又匆匆赶路。走不多时，遇到一个年轻女子，身着红装，脚穿绣花鞋。她开口问道："书生，是要上京考试吗？""是的。你怎么知道？""看你书生打扮，又匆匆赶路便知。今有一事请教，可否烦劳书生指点？""但讲无妨。""我有一联对，只有下联，想了几天，就是对不出上联。"

巧对策读

林士章听说是要他帮助对对联，就满不在乎地说："你且说来。"

那女子便指着自己的绣花鞋说："鞋头绣菊，朝朝踏露蕊[ruǐ]难开。"

林士章听了，一时想不出来，急得脸红耳赤。那个女子看他这般狼狈，便劝了他几句，自个走了。

林士章被考倒了，一路上羞愧难言。心想：如果到时主考官也出这个题目，我岂不名落孙山？于是一路上加倍用功，不敢懈怠。

到了京都，进了考场，他文思如涌泉，下笔似有神，一举中了进士。嘉靖皇帝看了他的文章，龙颜大悦。殿试时正值炎夏，皇帝手里摇着纸扇，看到扇面上的画，灵机一动，出题要考新科进士联对，说："扇上画梅，日日摇风枝不动。"

林士章听后，忽然想起途中那个红衣女子所问的联对，正好配对，就抢先答道："鞋头绣菊，朝朝踏露蕊难开。"

嘉靖皇帝看他才思敏捷，对答如流，十分高兴，但细品词意，觉得脂粉味太浓，就随口笑道："爱卿真是个探花郎啊！"

林士章听了，连忙跪下说："谢主隆恩！"

嘉靖皇帝这时才觉失口，但君无戏言，只好顺水推舟，点了林士章为探花（赐进士及第第三名）。

林士章中了探花，心里十分高兴，回乡省亲时，日夜赶路，到水曲村拜谢妈祖。当他仔细端详妈祖神像时，突然发现：那个红衣女子，从容貌到衣着，都跟妈祖神像一样。他又走近神像跟前一看，妈祖脚上穿的也是一双绣花鞋。

林士章恍然大悟，原来自己能中探花，正是妈祖出对策读的结果。林士章行了三跪九叩首的大礼，并把妈祖神像奉回漳浦，重塑金身，朝夕焚香礼拜，尊为"姑婆祖"。

从此，漳浦开始有奉祀妈祖的神庙（乌石天后宫），并以这尊"姑婆祖"为正身菩萨，直到现在。

二、孝子钉石

清朝道光年间，福建泉州南安，有一位孝子姓萧家境清贫，他的父亲只身到台湾谋生，过了几年毫无音信。萧孝子当时还年幼，由于思亲心切，就随同母亲渡海到台湾寻找父亲。

当时清朝廷在笨港（原笨南港今属嘉义新港乡，笨北港今属云林北港镇）设置水陆讯兵，防止偷渡。母子俩只好在外海沙汀下船，涉水登陆。不料，遭急流冲卷，母子失散。萧孝子有幸被一个渔夫救起。萧孝子本想寻父，现在却连母亲也失散了，他悲痛欲绝。有一天，萧孝子跟随渔夫上笨港查寻父母。他听说北港妈祖庙天上圣母显赫灵验，就入宫奉香跪拜，虔诚祷告说："圣母如能庇佑寻得父母，铁钉就能贯入石中。"祈祷完，他立即取来一根铁钉，往殿前十分坚硬的石阶上钉。意想不到的是，那钉子不但没有弯曲，反而轻易地钉入坚硬的青石之中。这事人人称奇不已，把它称作"孝子钉"。

当地一位花生油行老板，听说萧孝子之事，特地雇他作为家佣，以便萧孝子继续寻亲。皇天不负苦心人，不久，麦寮（台湾一地名）一位商人到店里购油时，说起几个月前一只小船救起一个妇人。萧孝子听后，赶紧随这个商人前往麦寮探询，果然母子重逢！于是，他就将母亲迎回笨港相聚。

不久，彰化一位商人来北港妈祖庙进香，听说"孝子钉"的事，因为好奇，就前往探访萧家母子。这位商人惊喜发现，萧家母子竟是自己的表亲，而且他还知道萧父的住所。于是，他偕同萧家母子前往台湾中部，结果一家三口相见重逢，悲喜交集。几年来"子思亲，亲思子"，盼望全家团圆的心愿终于实现。

有一首歌颂"孝子钉"的诗写道："不逊寿昌尽孝思，寻亲万里历难危。参宫钉石征神佑，果赐团圆灵应奇。"

如果现在到北港朝天宫，仍可以在观音佛祖殿前的石阶上看到"孝子钉"。

许多进香客到朝天宫参拜，都会摸摸孝子钉，借此弘扬孝道，表达慎终追远的怀思。

三、耳环救心

1934年广东汕尾凤山妈祖庙重建之后，成为一座金碧辉煌的建筑物。祥云盖顶，金龙升腾，身着红金龙袍的妈祖圣像，端庄慈祥，特别是那对用金子制作的大耳环，与灯光相辉映，闪烁着耀眼的金光。信众和游客每每拜谒妈祖时，都会赞叹这对金大耳环。

就在庙宇重建后不久，一窃贼打起了这对金耳环的主意。一天，窃贼趁天还未亮，跳墙进入庙，然后蹑[niè]手蹑脚爬上神龛[kān]，将大金耳环从妈祖神像上取了下来，放进口袋里。窃贼窃喜，以为这回神不知鬼不觉得手了。他得意地想，回头将这金耳环出手卖了，就有吃有喝的了。可是，当他要踏出中殿时，忽然莫名其妙地晕头转向了起来。他挣扎着想辨清方向，却昏昏癫癫地怎么也辨不清。就在这时，有一香客进庙烧香，发现此人鬼鬼祟祟，形迹可疑，便有了警觉。香客不动声色地观察了一番，发现这人是远近有名的"混混"，常干偷鸡摸狗的事。香客于是悄悄走到门口，叫上看门人，然后又悄悄回到窃贼身后。而窃贼这时还在晕乎，根本不知即将被擒。香客对看门人做了个手势，两人猛地扑向窃贼，在窃贼还没反应过来的时候，将他捆绑住。

经过一番盘问，窃贼乖乖地把金耳环交了出来。此时，天已大亮，来庙里进香的香客聚集了很多。大家围着窃贼，指责他道德败坏。有的咒骂他，有的甚至动手打他。窃贼跪地求饶，说："我莫名其妙地头晕，一定是神明发现了我，不让我得逞。以后我再也不干这种伤天害理的事，一定改邪归正。"在场的一位老者见状说："妈祖的耳环是偷不走的，是妈祖显灵呀！你们不要打他了，既然他已经承认自己错了，就给他一次机会，妈祖也会答应的。"

从此，窃贼真的变了，变得善良了，周围不管谁家有困难，他都会无私地去帮忙。他说，当初是妈祖挽救了我，又是乡亲们宽恕了我，所以我要报答妈祖，报答乡亲们。

四、漂流九昼夜　遇救游世界

1989年11月13日，年近花甲的福建莆田湄洲镇后巷村村民唐亚泉，受雇为湄洲联运公司守夜看护一艘重110吨的机帆船。不料半夜狂风骤起、巨浪滔天，等到唐亚泉惊醒时，这艘船已脱锚漂离港口。唐亚泉孤身一人，叫天天不应，呼海海不答，他只好眼睁睁地看着船向大海深处漂去。

这一漂，竟连着几天。这几天，海面上北风呼啸，船越漂越远。唐亚泉环顾茫茫大海，只有他一个人，只有他一条船。船舱里虽然还有些淡水、盐及食物，但因船颠簸剧烈，很难生火煮饭。几天里，他只吃过三次东西。唯有的一点淡水，他不到万不得已，是舍不得喝的。他用瓶子装好淡水，兑上盐，渴了饿了，喝上一丁点，以维持生命。

唐亚泉虽然孤单无助，但他并不绝望，因为船上有妈祖神像。即使平时，唐亚泉每天都供奉妈祖，感谢妈祖保佑。出事后的几天里，唐亚泉每天清早第一件事就是虔诚百倍地跪在妈祖神像前祷告，祈求妈祖保佑。

他相信，妈祖一定会救他的。

说也奇怪，那几天里，海上虽然狂风大作，波浪滔天，船虽然摇摇晃晃上下颠簸，但一直是有惊无险。记不清是哪一天晚上，唐亚泉在朦胧中似乎听到一位女子的声音："老伯，请宽心，您会平安无事的，过不了几天就会有船来救你的。"唐亚泉一高兴，醒了，知道方才是个梦。可他由此断定是妈祖托梦告诉他一定会平安无事的。于是，唐亚泉便跪在妈祖神像前，连磕三个响头，感谢妈祖的指点。

到了第九天下午四时，他已漂流到海南岛外的公海上了，这时，天下起了蒙蒙细雨，他忽然看到远远驶来一艘船，听声音，这艘船不小，应该是艘大船。唐亚泉这时已饿得奄奄一息了，但船的轰鸣声让他来了精神和力气，他知道，希望来了。于是，他使足劲站了起来，脱下衣服，又使足劲挥舞着。船越来越近，他终于看清了那是一艘大轮船，事后，唐来泉才知道那是希腊的"阿加梅农"号。

唐亚泉高兴极了，竟然大声叫出了声："快来救我，快来救我！"

"阿加梅农"轮船上的水手们发现了唐亚泉，向他挥舞着旗帜，示意马上会救他。

可是，因为风浪大，"阿加梅农"很难靠近唐亚泉的小船，只得绕着小船不断地兜圈子。后来，两船终于靠上了，"阿加梅农"的水手们将绳索抛给唐亚泉，示意他抓住绳索。风大，绳索在空中飘了几个来回后，唐亚泉才抓住。"阿加梅农"水手把他吊上了"阿加梅农"的甲板，见他冷得发抖，就赶紧拿来了衣服让他穿上，尔后又端来了热气腾腾的咖啡。"阿加梅农"号水手的热情令唐亚泉倍感温暖，一杯咖啡下去，唐亚泉才有了力气说话。可是他目不识丁，又不会写字，只会说莆田话，他根本无法和"阿加梅农"的水手们交谈。"阿加梅农"的水手连他的国籍都无法弄清，于是拿出世界各地的国旗图谱，让唐亚泉翻看。唐亚泉翻着翻着，看到五星红旗，高兴地笑了起来。他用手指着"五星红旗"一连点了几下，说："这，这是我的祖国！""阿加梅农"的水手这个才知道他是中国人。

"阿加梅农"号驶到韩国港口卸货装货，中国当时和韩国没有邦交，希腊水手只好把唐亚泉带到美国旧金山。到美国后，船代理安排唐亚泉住在一个海员公寓里，女主人还连续两个晚上驾车带他去逛旧金山城，那繁华异常、热闹非凡的街景，真使唐亚泉大开眼界、大饱眼福。中国驻旧金山总领事获悉此事后，当即派两位领事前往唐亚泉住处探视，并专门送去为他购买的衣服等生活必需品。一位略通闽南话的领事听出他是莆田一带人，便通过"美西福建同乡会"，请来一位懂莆田话的闽南籍侨胞当翻译，方弄清唐亚泉的姓名、家乡等，并立即打电报到湄洲岛，告知唐亚泉获救的消息。

12月31日，唐亚泉满怀兴奋感激之情，挥泪告别希腊朋友和中国驻旧金山领事馆的人员，于1990年1月4日回到湄洲岛。当这位死里复生的老人，穿着一身笔挺的西装，满面春风地回到了家乡，讲述这件事时，岛上的乡亲都为他感到高兴。唐亚泉激动地说："那时海上的情况现在都不敢去想，我只有祈祷妈祖保佑。我在妈祖信仰的激励下，勇敢地活了下来，我感谢妈祖给我第二次生命，也给我老头子看外国风景的机会……"

五、周立德与空难擦肩而过

1992年4月26日，广州到桂林的天空忽然惊炸：空难！

很快，空难的噩[è]耗传到了香港。一妇人惊恐万分，悲惨呼道：立德哇！然后嚎啕大哭。

而此时，那个叫立德的男人正在"山水甲天下"的桂林稳操胜券地谈着一笔生意，满心喜悦的他全然不知香港的某一角落正被泪水淹没。

这是怎么回事呢？

立德姓周，香港商人，妇人的丈夫。

周立德是经营电子公司的老板，一家人平素十分信奉妈祖，他本人更是虔诚至极。他每年必到妈祖庙拜妈祖，无论什么时候、无论到哪里，他身上都带着妈祖香火袋。多少年来，他每逢出远门，必祈求妈祖保佑平安。而每回，不管他遇到多么大的麻烦，都能平安无事。周立德说，都是妈祖护佑啊。

1992年4月23日，周立德再次赴广州洽谈业务。谈判很顺利，心情舒畅的周立德便准备到桂林去洽谈另一桩生意。于是他打电话将自己的行程告诉了妻子，并说已经买好了4月26日下午飞赴桂林的机票。25日这天，周立德办好了所有的事，一时闲了下来，想到第二天要飞赴桂林，后面的几天又得劳累，他便想趁这天下午的空闲好好地睡上一觉，养足精神。于是他上床美美地打起了"呼噜"。一觉醒来，周立德开始整理行李，以便第二天从容出发。理着理着，他突然发现妈祖香火袋不见了。这让他暗吃一惊！

怎么回事，这妈祖香火袋可是从不离身的，今儿怎会不见的呢？周立德找遍屋子后很纳闷地想：为明天行动方便，我今天拜过妈祖后明明把香火袋放进了随身箱子里的，不可能出错呀！

眼看着时间一点点过去，周立德着急了起来。他泡了杯铁观音茶，喝上几口定了定神，又想：难道会是我记错了，香火袋放在了别处？这么想着，他于是再找。这次，抽屉、床头柜，凡是能放东西的地方他都认真仔细、里里外外地翻找了一遍。信心在他一次次的失望之后变得越来越弱了。最后只剩衣柜没找过，他把所有的希望都寄托在那了。于是，在打开衣柜之前，他双手合掌于胸前，嘴里念念有词："妈祖在上，保佑我找到香火袋。"说完，他把手在衣服上蹭[cèng]了几下，然后屏着呼吸、紧张而小心地打开了衣柜。

"啊！妈祖！"周立德大声欢呼了起来："香火袋找到了！香火袋找到了！"他在屋里来回蹦跶了好几圈，兴奋得不知所措。

欣喜之后，周立德又自言自语道："香火袋怎么会在衣柜里呢？"这究竟是怎么回事呢？怎么琢磨，周立德都觉得这事有些蹊跷。他想：多少年来，我走南闯北，从来没有发生过这样的事。难道是妈祖在暗示我什么吗？难道妈祖不愿意我明天飞到桂林吗？越想他越觉得这事奇怪得很，好好的，香火袋何以进了衣柜里？若是我放的，那为什么一点不记得？若不是，我又怎么解释这事呢？一连串的疑问，让周立德不安了起来。

这时，一只鸟儿飞到他的窗前，唧唧喳喳地冲着他叫唤了好一通，然后又唧唧喳喳地飞走了。看着远去的鸟儿，周立德冷不丁地打了个寒噤[jìn]。顿时，他感到了什么，那是种冥冥之中的感觉，似乎带着一丝的不祥。就在那一刹那，周立德决定：退明天的机票，改在当天飞赴桂林。

主意拿定，周立德立即赶往机场，退票买票，过关登机，一切顺利。当周立德坐在机舱看着蓝天白云的时候，他的心才真正地踏实了。不到两小时，周立德已经呼吸到桂林清新的空气，在某一家宾馆悠闲地品起了咖啡。这时候，先前的不安、疑惑、阴影才被忘却，周立德舒心地哼起了歌谣。

第二天下午，就在周立德与客商谈成生意，"OK，合作成功"的酒杯举起时，一架从广州飞往桂林的飞机，在距桂林40公里的上空发生了爆炸，机上112人不幸全部遇难。而这架飞机恰恰就是周立德退掉机票的那架飞机！

周立德在香港的妻子听到了这个空难消息，顿如五雷轰顶、天塌地陷！丈夫在电话里明明白白说的是26日下午飞往桂林的，而航班恰恰就是这出事的航班啊！

她痛不欲生，于是便出现了本文开始的场面！

话说26日那天下午，周立德因为又成功了一桩生意而高兴万分，在当天的晚宴上，他豪饮美酒，至醉而方休。这一醉，竟整整一天一夜，等他醒来，已是飞机出事的第三天清晨了。这天，周立德到宾馆餐厅吃早饭，随手拿起一张报纸，这才知道发生在26日的空难。立即，他想到了妻子，不知她急成了什么样了？他丢下面包，急忙掏出还关闭着的手机，连拨几次，都因为他太着急而按错了数字键。最后他终于拨通了妻子的电话……

正是周立德对妈祖的虔诚，在机缘巧合下才使他幸免于难。

（摘自：周金琰、许平主编，《妈祖故事》，海风出版社2009年，略有修改。）

第四章 CHAPTER 4

民间习俗

民间习俗

第四章　民间习俗

　　民间习俗是世代相传、积久而形成的风俗习惯，是依附于人们的生活、习惯、情感与信仰而产生的文化，具有普遍性、传承性、包容性和地域性等特征。民俗作为一种无形的文化资源，在民间根深蒂固，源远流长。在漫长的历史长河中，正是通过民俗文化来增强民族的认同，强化民族的精神，塑造民族的品格。

　　妈祖信仰习俗，也称妈祖信俗，是源于人们对妈祖的景仰和礼敬而逐渐形成的一种民间习俗，是妈祖文化的重要组成部分，是传承中华文化的重要载体。

　　妈祖信俗内容丰富，类别清晰，主要包括祭祀、巡游、进香、庙会、供品、服饰、传说等等，各类项目表现形式多样，不同地区具有不同的特色。传说故事在前面第三章已专门介绍，本章主要结合各地特色突出的妈祖信仰习俗，介绍祭祀习俗、绕境巡安、谒祖进香、妈祖庙会等几项内容。

第一节 祭祀习俗

妈祖祭祀习俗随着妈祖受褒封规格的不断提高，逐步从民间走向官方，礼制越加规范。妈祖祭祀习俗主要有郊祭、庙祭、海祭、舟祭、家祭等。

郊祭是指古代帝王在京郊祭天祭神的一种形式。查阅史料，从宋高宗开始，历代皇帝在郊祭时褒封妈祖的记载共13次。这种形式随着中国帝制的消亡而终结。

庙祭是指各地的妈祖庙逢重大节日或重大事项在宫庙举行的祭祀形式。在南宋初期，庙祭妈祖就形成了"初献、亚献、终献"的三献仪式和"迎神、送神"的程序。清康熙五十九年（1720），妈祖被列为春秋谕祭之神，编入国家祀典，与黄帝祭典、孔子祭典并称为"中华三大祭典"。

庙祭

湄洲海祭

　　海祭是沿海信众在妈祖诞辰或升天之日，聚集在海边，备齐三牲五果，向妈祖女神焚香祷告，祈求海上平安的祭祀形式。海祭与庙祭不同之处在于拜祭人向大海撒鲜花，洒美酒，以示对妈祖女神的崇敬。当天，附近的舟船都会聚集海边，朝拜场面壮观。海祭有"人神共乐、人海共谐"的特征，是海洋文化中民俗活动的生动例证。

　　舟祭是指船家在起航前、航行中、归航时依例祭祀供奉在船上的妈祖神像，祈求航程平安。这一祭礼虽然简单，包括上供品、点香烛、三叩九跪、祈求祷告等步骤，但这种

舟祭

家祭

习俗成为航海人不可逾越的规矩，具有普遍性。

家祭是指信众在家中设妈祖神龛，每逢初一、十五及妈祖诞辰或升天之日拜祭妈祖的习俗。根据调查，妈祖信众家祭妈祖的现象比较普遍，约占妈祖信众的三分之一。

下面介绍各地祭祀妈祖的一些习俗：

首批国家非物质文化遗产——湄洲妈祖祭典

一、湄洲祖庙妈祖祭典

湄洲祖庙妈祖祭典形成于宋代，并于清代编入国家祭典。现在湄洲祖庙的妈祖祭典就是按清朝定制而恢复的。经过传承规范，湄洲祖庙妈祖祭典从祭祀的仪规、音乐、舞蹈、服饰、祝文等内容已趋向成熟和完善，整个祭典气势恢宏，庄严肃穆。湄洲祖庙妈祖祭典的行祭地点在湄洲祖庙广场或新殿天后广场，祭典全程约45分钟。根据场所、规格或祭期的不同，祭典规模可分为大型、中型、小型三种。祭典仪注内容分为祭筵[yán]、仪仗、乐舞、执事、祭仪等五部分。

（一）祭筵

在湄洲祖庙正殿（新殿天后宫广场大牌坊）前的平台上搭盖一座拜亭式祭坛，坛上设祭筵。从祭筵前到圣旨门（天后宫广场大戏楼）内为祭典行仪区，在行仪区的中轴线和乐池、舞池上铺设红地毯。祭

筵内安置妈祖神座和香案（包括重案和龙案），香案前为献位和读祝位。祭筵前为主祭人和陪祭人拜位，右旁设盥[guàn]洗位。广场前方两边设乐座，中部正中为舞池，后部至圣旨门（天后宫广场大戏楼）为仪卫区。祭器采用仿古祭器和莆田民间传统祭器。仿古祭器除笾[biān]、豆为竹木制品外，其他如铏[xíng]、簠[fǔ]、簋[guǐ]、爵等均为铜器。民间传统祭器则包括香炉、花斗和木雕龙烛、桌灯、果盒、馔[zhuàn]盒。以上祭器分别摆列在重案和龙案上。祭品按传统礼制用"少牢"祭（即全猪、全羊卸去内脏，用木俎[zǔ]架架在供案前方左右两案）。其他祭器上置干鲜五果。"三献"分别以爵、果、馔敬献。

（二）仪仗

主要以古代宫廷卤簿（即仪仗队）和莆田民间传统的妈祖出游（巡安）的仪仗、执事为主。仪仗按照顺序为：清道旗、开道大锣、警跸牌、衔牌、升龙幡、长号角、金瓜、金钺[yuè]、朝天镫[dèng]、幡龙棍、月牙铲、方天戟[jǐ]、大刀、抓印、抓笔、日月牌、凸凹杖、封号旗、提灯、提炉、雉[zhì]尾扇、九曲黄伞等。仪仗队入场后按位置顺序依次竖立祭筵至舞池两旁。

（三）乐舞

乐舞人员包括乐生、歌生、舞生等。围绕三献，分《迎神》《初献》《亚献》《终献》《送神》五个乐章，由乐生负责演奏。《海平》《和平》《咸平》三章乐曲由男女歌生合唱。舞蹈采用八佾[yì]之舞，由男女舞生各32名组成，分别执雉翟[huī]和龠[yuè]，这是古代最高规格的文舞。整个舞蹈要求动静有致，节奏鲜明，古朴典雅，娴熟生动，要与庄严隆重的祭典礼仪紧密结合。

（四）执事

设主祭一人，由湄洲祖庙董事长或常务副董事长担任，着传统汉装礼服（长袍、短褂），肩披红绶带。设陪祭若干人，由分灵庙的带队人（或功德主）担任，着装与主祭同。设与祭人拜位，供前来进香朝拜的信众（或功德主）参与祭典活动。设司礼生（全部女性），主要负责通赞（即主持祭典的司仪）、引赞（负责引导主祭人进行祭祀礼仪活动）、诵经、司香、司盥、司樽、司盘、司帛等工作。

（五）祭仪

无论采用何种祭典规模，湄洲祖庙妈祖祭典仪程基本相同，依序为：1.擂鼓鸣炮。2.仪仗队、仪卫队就位；乐生、歌生、舞生就位。3.主祭人、陪祭人、与祭人就位。4.奏《迎神》曲，迎神上香。5.诵经，诵经毕行三跪九叩礼。6.诵读祝文，奠帛。7.奏《海平之曲》，行初献礼。8.奏《和平之曲》，行亚献礼。9.奏《咸平之曲》，行终献礼。10.奏《送神》曲，焚祝文，焚帛，送神（音乐毕行三跪九叩礼）。11.礼成（护送妈祖神像退场）。

2006年，湄洲祖庙妈祖祭典被列入《首批国家级非物质文化遗产名录》。近年来，湄洲祖庙祭典团还应邀到香港、澳门、台湾、广东陆丰、江苏昆山等地进行示范性表演，在海内外引起了很大反响。

附一：

湄洲祖庙妈祖祭典祝文

诵读祝文是湄洲祖庙祭典仪式中的高潮之一，一般由主祭人或通赞（主持人）祈告诵读。《祝文》文本范例：

维

公元_____年，太岁_____年____月____日吉旦，恭逢妈祖圣诞_____年庆典，湄洲妈祖庙董事会董事长_____、名誉董事长_____率董监事_____等，谨代表广大善男信女，虔修祀典，礼备乐舞、馨香清爵，敢昭告于天后之神，文曰：

	大地之大	惟海为特	波涛际天	风云莫测	惟我天后 秉乘坤
德	总司海若	阳侯水伯	出国使臣	远海估客	遇难得救 红灯闪
烁	历年逾千	庇民护国	荣及乡邦	光昭史册	和平之神 环宇恭
贺	五洲钦仰	不限肤色	欣逢圣诞	献爵奠帛	以祝寿疆 以祈福
泽	告洁告虔	祭拜圣德	千秋万代	声灵永赫	

伏维尚飨[xiǎng]

附二：

湄洲祖庙妈祖祭典乐曲

湄洲祖庙妈祖祭典乐曲，遵循质朴无华的基本原则，既有庄严肃穆的祭祀气氛，又蕴含莆田地方特色民间音乐色彩。祭典伊始的《导引曲》用莆仙调《水清龙》曲牌改编，以渲染祖庙所在地的海滨特征。祭典乐曲的核心部分是五首乐歌，分别是《迎神》《和平》《海平》《咸平》《送神》。其歌词均为四言诗句，高古典雅，蕴意悠长，从而组成完整的祭典乐章。歌词内容是：

一、《迎神之曲》

神之来兮，驾龙螭[chī]兮。神故乡兮，水之湄兮。

告洁虔兮，奉盥匜[yí]兮。神其怡兮，民受禧兮。

二、初献《海平之曲》

维天无极，维海不测。天降我后，立海之则。

海天清晏，卿云五色。八海既宁，万方归德。

三、亚献《和平之曲》

皇哉女神，呼吸风雷。洪波立靖，造福消灾。

泽施四海，庆谧[mì]九垓[gāi]。南风薰兮，阜我民财。

四、终献《咸平之曲》

海天来航，湄庙无疆。春秋祀典，血食万羊。

鼓钟歌舞，俎豆馨香。女神降止，赐我百祥。

五、《送神之曲》

礼既成兮，神其行兮。举驾旌[jīng]兮，升玉京兮。

海宇清兮，岛屿明兮。邀祥祯兮，永和平兮。

二、深圳"辞沙"祭妈祖大典

"辞沙"祭妈祖大典是深圳市南山赤湾祭祀妈祖的一种特有习俗。"辞沙"的意思是辞别沙滩，投向茫茫大海，去开辟生产（或国

深圳"辞沙"祭妈祖大典

事)的新领域。从明代开始,凡在赤湾过往的渔民或出使各国的朝廷官员都要停船靠岸,到天后宫进香,以大礼祈神保佑,祈求出海平安顺利。他们将"太牢"(猪、牛、羊三种牺牲)的肚子挖空,填上草,放在海边沙滩上祭拜妈祖,祭拜完毕后将牺牲沉入海底。后来,"辞沙"成为经赤湾出海者起航前一种固有的隆重仪式的名称。这一习俗,历经500多年,中途因填海原因,将祭祀活动由沙滩移至宫庙,除不再将猪、牛、羊沉入海底以外,其他习俗一直保持至现在。活动时间一般在农历三月二十三和秋天举行。最繁盛时有近20万人参加。

"辞沙"祭妈祖大典,活动要进行四天三晚,分别进行摆供品、点油灯、扎"鬼王"、竖"城隍"、集体拜祭妈祖、舞狮和武术表演、个人祭拜妈祖、烧"鬼王"和烧"城隍"等仪式。在南巫(广东人对法事主持人的称谓)班子奏响的音乐声中,大批信众虔诚地向妈祖进香、叩拜,表达对妈祖的崇敬之心,同时也祈求妈祖保佑平安,给家人带来吉祥幸福。

祭祀前一天，200人在天后宫大殿和祭台上摆设供品，给油灯放置灯草和香油，并在山门平台用竹片搭好人形架子，用纸糊一个4米高的"鬼王"、一个"城隍"和白马，当晚在大殿举行一个简单的祭拜仪式。祭拜第一天上午，千余信众跟随南巫、武术队、舞狮队进入天后宫，随后敲锣打鼓、诵经念文并行集体叩首祭拜大礼。接下来是个人祭拜，信众用各种形式表达对妈祖的敬重：有人用家人的干净衣物擦拭大殿神像或器具以求沾上好运气；有人从家里带来几大麻袋茨菇在天后宫大殿前抛向阅台，任由信众哄抢，抢得越多越好，寓指多子多福……"辞沙"的第二天晚上，众人围观焚烧4米高的"鬼王"，象征驱除一年的所有不利。第三天是整个祭祀活动的高潮，除了参加盛大的祭拜仪式，所有参加祭祀活动者还要将姓名用红纸抄写下来，放在纸糊的"城隍"手中，随后点燃"城隍"和白马，寓指把百姓的名字和美好愿望带给妈祖，祈求健康平安。整个活动期间，信众只能吃斋。

"辞沙"祭妈祖大典是保存完好的祭拜妈祖习俗之一，具有宝贵的历史价值和深厚的文化价值。2007年，"辞沙"祭妈祖大典习俗被列入《广东省第二批省级非物质文化遗产名录》。

三、浙江洞头妈祖祭典

浙江洞头妈祖祭典2011年列入《第三批国家级非物质文化遗产名录扩展项目》。洞头妈祖祭典的主要内容是传统的"做供"，其程序主要有请水、请神、祭北斗、祭三界、请灶神、献供、玉皇赦、解厄、东岳

浙江洞头妈祖祭典

醮、入供等，程式较固定。因为"做供"比法会规模盛大，形式多样，时间更长，所以信众们参与的积极性更高，慷慨踊跃的捐助也更多。

　　洞头妈祖祭典，最有特色的一项活动是妈祖圣母平安出巡，这也是最有意义的。出巡过程中，"迎火鼎"是最重要的一项活动。"迎火鼎"俗称"迎火锅"，就是在出巡的队伍中，有人抬着极大的锅，锅里燃着熊熊的柴火，一路巡游而来，走村串岙。火光熊熊燃烧，一路而去，寓意能照出邪魔，然后妈祖显灵，挥剑除之，为民保平安。火焰熊熊燃烧，又表示有妈祖庇佑，风调雨顺，生产丰收，渔家的日子会过得红红火火。"迎火锅"的路上，都会有人在锅里添上柴片，众人添柴火焰高，这也告诉渔家人，要团结协助形成力量，才能战胜困苦勇往直前。最有意思的是，当火鼎抬到各家各院门口时，渔家人不仅要往火锅中添柴，而且会用火钳夹起一块炭火拿进家里。这又是为什么呢？这可大有深意，就是想托妈祖的福泽，让自家的日子过得越来越红火，也让妈祖的鼎火灵光照射，驱灾祛邪，使家庭平安。此外还有一层意思，尤其是刚结婚的家庭，总要把大块的炭火夹回家。用洞头闽南方言表示，即"夹大箍，生达脯"（"达脯"即男孩）。"迎火鼎"还需两个抬鼎的，意为"火鼎公"和"火鼎婆"，表示阴阳相合，夫妻恩爱，家庭和睦，事业红火。这些都表达了理想追求和美好祝愿。在妈祖平安出巡的队伍里有时还有鱼灯、马灯队伍相随；还有装扮成历史戏剧中的人物队伍相随，整个队伍有鸣锣开道，击鼓催进，五音伴奏，很是热闹。

　　在"做供"时，有时会和"迎头鬃"的渔业习俗结合起来。"迎头鬃"是一项催人奋进的渔业习俗，相当于现今的渔业先进评选。"迎头鬃"就是在渔汛结束时，为当汛（主要指冬汛）渔业生产产量最高的渔船举行表彰仪式，给他们送红包（奖金）、送全猪或猪头（带猪尾巴），送头鬃旗（三角形，镶边，上有"独占鳌头"四个大字的锦旗）。大家都认为，是妈祖保佑才能平安，才能夺得丰收。大家都怀着感恩的心，把获得好年成归功于妈祖。把"迎头鬃"与妈祖祭典结合起来，既表达感恩之情，也使祭典活动内容更丰富，形式更活泼。这时，"迎头鬃"的渔船更是慷慨解囊捐资助典。尤其是风调雨顺，普遍丰产的年份，广大渔民更是感恩妈祖，而且也有经济实力把祭典搞得更隆重。因此，大家乐捐，请来外地的戏班子，来洞头唱昆剧，演越剧，为妈祖祭典活动增添欢乐祥和气氛。

此外，2014年列入《第四批国家级非物质文化遗产名录扩展项目》的天津市津南区的"葛沽宝辇出会"，海南省海口市的"天后祀奉"，澳门的妈祖信俗等都是比较有代表性的祭祀妈祖的习俗。

第二节　绕境巡安

妈祖"绕境巡安"习俗古已有之，亦称妈祖巡游、妈祖出游，意思是妈祖巡视辖区、带给信众福祉。许多宫庙每年会择期将妈祖神像从宫庙中请出，通常是按设定好的路线，组织各种巡游队伍拥护神驾举行绕境巡安活动，祈求妈祖布福施恩。

妈祖绕境巡安活动举行前，要先"卜告"妈祖，确定具体日期和起驾时辰。起驾当日，诵经祈福后，要举行起驾仪式。巡游队伍一般由铳手、开道锣、警跸牌、头旗、彩旗、清道队、宫灯、鼓乐队、护驾队（武士队）、神驾队，以及其他民俗表演队伍组成，后有信众持香跟随，整个队伍浩大。妈祖神驾途经之处，家家户户开大门、摆香案、燃柴火、放鞭炮迎神，并上前朝拜，祈求家门康泰、吉祥如意。妈祖神像驻驾（驻跸）沿途宫庙，要举行驻驾（驻跸）典礼；妈祖神驾回銮[luán]，要举行安座典礼。

各地妈祖宫庙组织的绕境巡安习俗各具特色，其中较具代表性的

湄洲妈祖巡安

有：湄洲祖庙妈祖巡安，台湾大甲镇澜宫妈祖绕境进香、苗栗白沙屯拱天宫妈祖绕境进香、北港妈祖下府城南都巡历大天后宫会香、台中乐成宫旱溪妈祖绕境十八庄，福建霞浦的"阿婆走水"等。

一、湄洲妈祖巡安

湄洲祖庙供奉的妈祖神像巡安，是妈祖出巡中最高规格的巡游活动。活动流程分起驾、迎驾、驻驾（驻跸）、回銮四大部分。巡安活动前，要先"卜杯"请示妈祖，确定具体日期、起驾时辰和巡安路线。参加巡游的护驾人员及执事要提前沐浴更衣。起驾当日清晨，诵经祈福后，按礼制举行起驾仪式。湄洲妈祖巡安所经之处，沿途家家户户门前摆设香案，燃放鞭炮，迎神接驾，祈安纳福。香案上，供品排序规范；香案前，置早季稻草一禾（一束），上放"大银"和"贡银"或"贡金"。妈祖銮驾经过时，要先点燃稻草，意为妈祖神灵暖脚。届时，信众要在妈祖神像前，拈香叩拜，并为妈祖"挂脰[dòu]"（信众用红绳子系好金牌、银锁或钱，作为见面礼物挂在妈祖神像的脖颈上）。妈祖神驾回銮，要举行"安座典礼"。

（一）起驾仪式

起驾仪式于清晨吉时举行，基本程序为：1. 主祭、陪祭人员恭请妈祖神像移驾下殿。2. 为妈祖神像梳妆、换凤袍、奉醮[jiào]宴。3. 起驾仪式开始，鸣礼炮，钟鼓齐鸣。4. 上香，行三跪九叩礼。5. 湄洲祖庙董事长（护驾团团长）宣读《湄洲妈祖巡安起驾祈告文》。6. 妈祖神像起驾，巡安队伍出发。

妈祖巡安起驾仪式

（二）驻驾驻跸

按照巡游路线的安排，妈祖神像绕境巡安途中，要在沿途妈祖分灵宫庙驻驾（驻午）或驻跸（驻夜）。驻驾宫或驻跸宫要预先做好布置，除做好周边环境卫生，保持道路畅行无阻以外，沿途还要悬挂红布横标、三角彩旗。宫庙内要挂宫旗、宫灯等，周围家家户户门前摆设香案。迎驾及随香人员要求服装整齐，以莆田地区为例，女的要穿红衣红裤，头人、福首要身着蓝色长衫。迎驾队伍按仪仗执事、锣鼓、宫旗、彩旗、迎驾宫妈祖銮驾、护驾人员、随香人员、民俗表演队伍等有序排列接驾。妈祖神像驾临时，要鸣礼炮，奏礼乐。殿内摆设香案，并配备相应的半桌、八仙桌、中案等，上披红布、围裙。妈祖神像安座时，要举行仪式，宣读祈告文疏，行三跪九叩礼。驻跸宫要指定专人为妈祖供茶，并备好脸盆、毛巾、香皂等相关的用品，

驻驾驻跸

安排值班人员与湄洲祖庙护驾团轮值人员一道护驾守夜。秽身或戴孝者一律回避，不得近前参加活动。第二天，妈祖神像起驾前要进香供茶，起驾时要先行诵经，宣读起驾祈告文，在礼乐和鞭炮声中，随香人员列队两侧，恭请妈祖神像起驾继续巡行。

（三）回銮安座

妈祖神像巡安活动结束后，神驾回銮入殿前，依例组织"抢轿"活动，即銮驾倒背，众人争抬，三进三退，最后直冲进殿安座。妈祖神像安座后，信众接下来要诵读妈祖平安经，行三跪九叩礼，宣读回銮安座礼赞文疏。

以前，湄洲妈祖神像一般都是在每年的农历正月或三月，在湄洲岛本岛进行绕境巡安，后来延伸为巡安莆田市（兴化）和出省、出境巡游，形成"湄洲妈祖巡天下"的活动品牌。近年，湄洲妈祖神像应邀到台湾、澳门、香港、深圳、海南等地巡安，千万信众拈香礼拜，祈福祈顺，极大增进了民间文化交流，产生积极广泛的影响。

二、大甲妈祖绕境

每年农历三月，台湾各地总是掀起迎妈祖热潮，俗谚说"三月疯妈祖"。期间，进香团络绎不绝，绕境仪式众多，其中较为著名的有大甲妈祖绕境进香活动。

大甲妈祖绕境进香活动是台湾台中市大甲镇澜宫，于每年农历三月间举行、长达九天八夜的大甲妈出巡绕境活动。1988年以前是前往云林北港朝天宫进香刈[yì]火（割火），1988年以后终点在嘉义新港

大甲妈祖绕境

奉天宫。大甲妈祖绕境进香活动每年吸引近10万人涌入大甲镇，沿途更有数百万人次参与，热闹场景令人叹为观止，是世界上最大规模的妈祖文化活动盛事之一。2008年7月被指定为"台湾重要无形文化活动资产"。

（一）历史演变

大甲妈祖绕境进香活动历史悠久，最早可追溯到清朝，始于镇澜宫创建时往湄洲进香。在1959年之前，绕境进香为七天六夜，1962年改为八天七夜，增加北斗镇奠安宫驻驾。1988年将往年的"大甲镇澜宫天上圣母谒祖进香"改为"大甲镇澜宫天上圣母绕境进香"，进香终点也由"云林北港朝天宫"改为"嘉义新港奉天宫"。2010年改为九天八夜徒步绕境进香，增加回程第八天驻驾清水镇朝兴宫。2011年，大甲妈祖绕境活动改名为"台中大甲妈祖国际观光文化节"。

（二）绕境时程

由各地十多万信众组成的声势浩大的进香队伍，从镇澜宫出发，九天八夜徒步来往大甲与新港奉天宫，行程贯穿台中、彰化、云林、嘉义四县市，21个乡镇80多座庙宇，跋涉300多公里。每年大甲妈祖绕境进香日子并不固定，都是在当年元宵节（农历正月十五日）晚，由镇澜宫董事长掷筊[jiǎo]（卜杯）决定进香出发日期与时辰。第一天从大甲镇澜宫出发，驻驾彰化南瑶宫；第二天驻驾西螺福兴宫；第三天驻驾新港奉天宫；第四天早上于新港奉天宫前举行祝寿大

妈祖绕境途中

典，晚上回驾；第五天驻驾西螺福兴宫；第六天驻驾北斗奠安宫；第七天驻驾彰化天后宫；第八天驻驾清水朝兴宫；第九天回銮大甲镇澜宫。

（三）十大仪典

在整个绕境活动中，依照传统献敬礼仪，分别有掷筊、竖旗、祈安、上轿、起驾、驻驾、祈福、祝寿、回驾、安座等十个主要典礼，每项典礼都要按照既定程序、地点及时间虔诚举行。

1. 掷筊典礼。每年元宵节下午六时在镇澜宫大殿恭请出正炉妈、副炉妈、湄洲妈及千里眼、顺风耳两大将军，敬备香花茶果，由镇澜宫董事长掷筊（卜杯）请示妈祖后，决定该年起驾时间。随后依序由头香、二香、三香、赞香各团队向大甲妈禀报随驾绕境进香事宜，而宫内随即展开各项筹备工作并接受各地香客报名参加绕境进香活动。

2. 竖旗典礼。头旗为绕境进香指挥旗，循例由镇澜宫副董事长卜杯请示妈祖决定竖头旗之日期。竖头旗当天敬备香花茶果，由镇澜宫头旗组、祭典组、报马仔、诵经团等单位，于子时先诵经，然后竖起头旗，也就是向三界昭告年度绕境进香各项工作正式启动。镇澜宫所属阵头团队开始各自整理旗帜、服装、器具，并开展训练，由镇澜宫祭典组头旗组勘察路线，贴香条周告所经路线宫庙及民众大德。

3. 祈安大典。典礼时间定在出发前一天的下午三点举行，祭祀前必须备妥各项祭品，藉由诵经、读疏文向天上圣母禀明今年绕境各项事宜，并祈求妈祖庇佑全体参加之人员，平安顺利。

4. 上轿典礼。上轿典礼定于出发前一日下午五时举行，也就是在祈安典礼之后，在众人的欢呼声中，由达官贵人恭请天上圣母登上銮轿。

5. 起驾典礼。"起驾"时间要严格按照妈祖"神谕"的时间，神轿班的人员将神轿抬起，正式起程。在神轿起驾前，所有的钟、鼓、哨角齐鸣，所有信众跪在天上圣母轿前，恭请妈祖起驾绕境进香，庇佑众人随驾进香一路平安。

6. 驻驾典礼。经过三天的跋涉抵达嘉义新港，在新港市区绕境后，进入新港奉天宫。入宫以后，妈祖神尊（神像）离轿登殿安座，随香众善男信女在奉天宫诵经、读疏文，叩谢神恩感谢妈祖庇佑，让所有随香信众都平安抵达新港。

7. 祈福典礼。妈祖驻驾后的第二天凌晨五点在新港奉天宫大殿举行，备妥相关的祭品，并且诵经、献疏文为所有在镇澜宫参加点光明灯、拜斗的信众举行祈福仪式，同时也祈求妈祖赐福芸芸众生。

8. 祝寿典礼。祈福典礼后举行，备妥祭品，由镇澜宫董监事率领所有随香信众，齐聚在新港奉天宫大殿前，一起为天上圣母祝寿，虔心祝祷、诵经读疏、三跪九叩，祝贺妈祖万寿无疆，这是整个绕境活动的高潮。

9. 回驾典礼。第四天晚上回驾前夕，所有信众在恭读回驾祝文后，恭请天上圣母登轿回镇澜宫，祈求妈祖庇佑众人平安踏上归途。典礼最后由各界人士恭送大甲镇澜宫天上圣母回驾。

10. 安座典礼。九天八夜之后，天上圣母回到大甲镇澜宫，登殿安座。众人叩谢妈祖庇佑大家平安回到大甲,恭请妈祖永镇在宫,降赐祯祥。

(四)队伍行列

大甲镇澜宫绕境进香队伍依序为:头旗、头灯、三仙旗,报马仔,开路鼓,大鼓阵,头香、二香、三香、赞香,绣旗队,福德弥勒团,弥勒团,太子团,神童团,哨角队,庄仪团,卅六执事,轿前吹,凉伞、令旗、马头锣,(妈祖)大轿。

三、霞浦"阿婆走水"

"阿婆走水"是福建霞浦妈祖信仰独有的民间习俗,最早起源于沙江镇竹江岛,后渐渐在霞浦全县盛行开来,至今已有500多年历史。

霞浦县沙江镇竹江岛的渔民,历来有"春冬则蛤[gé]蛎[lì]资生,夏秋则捕鱼为业"。明成化以前,东吾洋北部的竹江、沙江一带村民"取深水牡蛎之壳,布之沙泥"养殖牡蛎。明成化年间(1465—

霞浦"阿婆走水"

1487），竹江张姓村民偶然发现竹枝生蛎技术，开始改散布蛎壳自然附苗为插竹育苗。当地和附近渔村乡民不断总结经验教训，至清乾隆、嘉庆年间便已掌握新竹育蛎苗的养殖工艺，竹蛎养殖渐成规模。他们将渔业、养殖的丰收，归功于妈祖神灵的保佑。因此，每年必祀妈祖。

当时，妈祖诞辰日前演戏酬神在沙江镇各渔村相继风行，信众认为神明看戏后一高兴，便能将四海之"肥水"聚集在这里，下一年必大丰收。后来，有人倡议抬妈祖神像亲临海滨巡视，称之为"阿婆走水"。于是每年纪念妈祖诞辰时，信众扶妈祖神像正襟危坐轿上，由数十名壮汉将神轿抬到海边，海水刚涨到滩涂时，"阿婆走水"活动便开始。只听三声铳响，穿着统一服装的16名壮汉抬起轿子，在敲锣手的引导下，冲向预定海域，溅起层层浪花。海上跑得起劲，岸上的信众喊得也卖力。轿手们在海水中大约跑了100多米便停了下来，把轿子抬高放下，反复沾水36次。民国《霞浦县志·礼俗志·春令俗》载："（三月）二十三日，竹江乡天后神诞。报赛之日，乡人俟[sì]潮涨时，舁[yú]神舆沿流而走，走至沙垅水渟[tíng]处，接舆向水面放落，旋复抬起，上下起落，如是三十六次，谓之'安澜'，盖以波澜汹涌，藉神力以安之。而必以三十六次者，盖以一年三百六十日也。俗呼'阿婆走水'。"沾水仪式结束后，大家又抬着轿子原路返回。紧接着便轮到第二队出发，如此循环往复，祈祷平安与丰收。人们认为妈祖所经之境，不但蛎肥鱼丰，而且人畜平安。

〉〉〉 第三节 谒祖进香

天下妈祖，祖在湄洲。谒祖进香是指世界各地宫庙组织信众带着（抬着）妈祖神像回到湄洲祖庙寻根溯源，朝圣祭拜，沾祖庙灵气，祈福颂安的习俗活动，俗称"天下妈祖回娘家"。后来，谒祖进香活动也延伸为分灵庙信众带着（抬着）妈祖神像回到所分灵的宫庙进香。

谒祖进香主要有迎驾、接驾、进香、送驾等环节，有行上香礼、三献礼、三跪九叩礼等礼俗；还会举行"割火"仪式，即信众将分灵的妈祖神像请回之际，会从所分灵的宫庙香炉中取些"香灰"，寓意分享些"香火"。有的也举行"交炉"仪式，即由所分灵的宫庙提供特制的香灰袋，装上所分灵宫庙香炉中的"香灰"，与分灵宫庙带来的"香灰"进行对换，象征香火交融、平安共享。

谒祖进香习俗，自宋代一直延续至今。活动时间大多在每年农历三月。各地宫庙之间遵从古制，通过开展进香、会香活动，加深情谊，共享福祉。下面介绍天下妈祖回娘家（湄洲祖庙）与枋[fāng]桥头72庄往鹿港天后宫进香习俗。

一、天下妈祖回娘家

湄洲祖庙是天下妈祖信众的朝拜圣地和心灵原乡。每年农历三月开始，各地妈祖宫庙纷纷组织信众带着（抬着）妈祖神像回到湄洲祖庙谒祖进香，称之为"天下妈祖回娘家"，意为分灵妈祖也想念家乡、想念祖地，信众带分灵妈祖回到"娘家"沾灵气，祈福祉。

　　湄洲妈祖祖庙在迎接"回娘家"的谒祖进香团队时，举行的礼俗仪式主要有迎驾、进香、送驾等。

天下妈祖回娘家（恭捧圣像）

天下妈祖回娘家（欢迎队伍）

（一）迎驾

凡前来谒祖进香的团队都要事先与湄洲祖庙联系，通报谒祖进香团的规模、到达时辰、驻留时间等。湄洲祖庙则安排举行迎驾仪式。迎驾队伍依次为：祖庙龙旗、宫灯、大锣、警跸牌、衔牌、封号旗、仪仗队、提灯、提炉、大吹、球炉、銮驾、日月扇、凉伞、护驾人员、彩旗、湄洲祖庙董监事等。迎驾队伍预先在湄洲岛码头集结，待谒祖进香团队上岸时，鼓乐喧天，鞭炮齐鸣，民间民俗表演队伍进行精彩表演，以示热烈欢迎。然后，由迎驾队伍引领谒祖进香团徐徐缓行，把谒祖进香团迎接至祖庙主殿，并举行妈祖神像驻驾湄洲祖庙典礼。

（二）进香

卜告进香祭典良辰后，开设祭坛。祭祀仪式由祖庙董事长或副董事长主持。进香团依序敬献供品，开始谒祖朝拜，行三跪九叩之礼。接着，主祭人诵读祭文，焚帛。最后是"交炉"仪式，即由祖庙提供特制的香灰袋，装上祖庙古香炉中的"香灰"，与前来谒祖进香的分灵宫庙带来的"香灰"进行对换，象征香火交融、平安共享，寓意分灵庙香火永盛、神威显赫。

（三）送驾

谒祖进香团完成进香朝拜且择定归程时辰后，湄洲祖庙要举行送驾仪式，地点在祖庙主殿。届时钟鼓齐鸣，由祖庙董事长或副董事长主持谒祖进香回銮仪式，行三跪九叩大礼，奏《送神曲》。在锣鼓、鞭炮声中，礼送前来谒祖进香的分灵庙妈祖神像回銮。

送驾

"天下妈祖回娘家"活动，主要有湄洲祖庙集中举办和各宫庙
自发组织两种形式。2008年10月，中华妈祖文化交流协会和湄洲妈祖
祖庙发起举办"天下妈祖回娘家"活动，邀请全球18个国家和地区的
1000多名信众，集中护送300多尊妈祖分灵像回湄洲祖庙谒祖进香，
许多宫庙的分灵妈祖神像是几百年来首次"回娘家"寻根溯源，省
亲谒祖，进香朝拜，体现了他们对湄洲祖庙至尊地位的认同，是一
次有特色、有创意、有影响的世界性妈祖文化交流活动。除湄洲祖
庙集中组织外，更多的是各宫庙自发组织"妈祖回娘家"。比如，
2006-2008年，台湾鹿港天后宫连续三年组织几百名信众到湄洲祖庙
谒祖进香；2011-2013年，台湾台中乐成宫组织18庄信众连续三年到
湄洲祖庙谒祖进香。近几年，每年都有20多万人次的台湾信众自发回
湄州祖庙"娘家"谒祖进香，且规模呈逐年扩大趋势。

二、仙游龙井宫谒祖进香

龙井宫位于福建省仙游县度尾镇潭边社区居委会，传说始建于宋绍兴七年（1137），建庙因由缘于湄洲妈祖"飞炉显圣"的传说。宫名则源自宫前的一口神奇"龙井"。龙井宫每年的活动中，以赴湄洲妈祖祖庙进香最为隆重，其活动时间长、地域跨度广，令人赞叹。

历史上，龙井宫最早赴湄洲进香的时间已难确考，据传始于南宋，宋绍兴七年（1137）宫庙建成后就开始有往湄洲进香之举，元明时代则有旗鼓队抬妈祖神像往湄洲岛进香。龙井宫有较确切记载的往湄洲祖庙进香的时间为清道光十年（1830），时任董事为吴登清。此后每隔一些年份就举行赴湄洲祖庙进香活动。

清咸丰九年（1859）正月初举行的赴湄洲进香活动，十分隆

龙井宫进香谒祖

重，盛事口口相传，许多老人至今尚能娓娓道来。当时全村组织了600多人的仪仗队，除了妈祖銮驾、护扇、凉伞、千里眼、顺风耳等队伍外，阵头还包括清道、头旗、啸旗、头灯、兵器仪仗、铙钹、十音八乐、八班（皂隶）、铳、火药担、供品担、灯笼担等队伍，颇为壮观。进香往返费时近20天，沿途接茶或驻驾的大小村庄达20多个，地跨莆田、仙游两县。去时在傅围（赖店罗峰）、东河、霞尾、月埔等村庄驻驾，至莆田贤良港天后祖祠拜谒后，便渡海往湄洲妈祖祖庙进香。而回来时经过的村庄就更多了，有事前约定驻驾的，也有临时截留接驾的。凡所过往村庄，则见男女老幼穿上节日盛装，夹道焚香朝拜，虔诚备至；有的还设筵演戏，迎宾延客，十分热闹。

据说从此之后，龙井宫前往湄洲祖庙进香之例，开始正式形成。或一年一次，或二年一次，或几年一次，有时则一年二次，全承妈祖之圣意。与妈祖的沟通，则有赖于笺卜赐示。龙井宫每年正月何时赴湄洲祖庙和贤良港天后祖祠谒祖进香，都是在元宵期间通过向妈祖卜杯请示确定的。每年从正月初六开始卜杯，若卜得"圣杯"，就一杯定案；若卜不到"圣杯"，就相应推迟一天再进行卜杯，如初六卜不到"圣杯"，就推至"初七"卜杯，以此类推。

最近的一次则是2014年农历正月初九至二十的进香。此次活动龙井宫董事会组织信众400多人护送妈祖銮轿，沿着旧时路线徒步整整12天，行程300多公里，巡游足迹遍及灵川、月埔、港里、湄洲、笏石等20个村庄，驻跸20个妈祖宫庙，虔诚地进行进香祈福活动。

以2014年龙井宫的最新进香活动为例，可窥其进香过程之大概。正月初六，依例在妈祖神像面前卜杯，得圣杯，遂决定从农历正月初九至农历二十，率信众450人护送妈祖銮驾，徒步到湄洲妈祖祖庙谒祖进香。进香队伍路线基本仍是旧时行走的路线。

谒祖进香的队伍乃按古代皇家排驾仪仗出行。妈祖身着黄袍，头戴冕旒，有八班（皂隶）相随，"八班"分别手持竹筷、槐鞭、红棍、麻蛇。出游队伍的队员一律头戴草笠，身穿丝绸古汉装，扎腰带，脚穿草鞋、雨鞋。出游的具体路线为：

初九日，从龙井宫起驾出发，第一站驻跸灵川西墩永镇宫，并用午餐。灵川西墩永镇宫的董事会本打算按照习俗让每户村民都准备好迎接客人的准备，但为了方便管理，决定各家出份子钱，大摆几十桌，既方便了管理，又联络了感情。午餐过后，马上出发，至下尾青龙宫驻驾过夜。

初十日，驻驾月埔会龙宫。

十一日，早上，过海至湄洲妈祖祖庙进香，之后开始返程；中午，渡海出湄洲岛，晚驻驾贤良港天后祖祠。

十二日，中午驻月埔会龙宫，晚驻芳店麟凤庙。

十三日，中午驻笏石下东许铁山祠，晚驻凤山山头观海书院。

十四日，中午驻古井谷兴庙，晚驻灵川柯朱蓬莱堂。

十五日，中午驻蔡岭青龙书社，晚驻东汾五帝庙正极殿。

十六日，中午驻取埔怀水宫，晚驻东蔡西厝清溪宫。

十七日，中午驻东港澄江宫，晚驻仙游朱寨灵应堂。

十八日，中午驻郊尾沙溪兴龙宫，晚驻长安安仁宫。

十九日，中午驻郊尾万安宫，晚驻赖店龙兴宫。

二十日，回到潭边，在当地进行绕境，之后回銮安座于龙井宫。

龙井宫进香活动，特色在于每次进香都要在许多村庄驻驾，这就使之具有妈祖巡游的性质。据说，凡是承办驻驾或接驾的村落，都要请龙井宫的神像在本村绕境巡游一周，而本村信众也要沿途焚香礼拜，并向妈祖神像"挂胆"，以祈求妈祖保佑。因此，每次进香都要历时数十天，每天行程不过数里。在返回之后，也要在本村绕境巡游，并举行各种相应的庆祝与祭祀仪式。已知自道光十年（1830）以来，龙井宫的妈祖进香活动已经延续了170多年，形成了颇具特色的仪式传统。

三、枋桥头72庄往鹿港天后宫进香

鹿港天后宫（旧祖宫），创建于清初，是奉祀从湄洲祖庙分灵的"开基"妈祖神像的庙宇，在台湾众多妈祖庙中辈分较高。鹿港天后宫坐落在早期贸易兴盛、文化荟萃的鹿港，寺庙建筑，木雕、石雕、彩绘皆出自于名匠之手，华美至极，处处尽显其丰富的历史人文风采。更因屡显神迹、宫务管理有方，香火始终鼎盛不衰，是台湾具有代表性的妈祖庙宫之一。

清康熙年间，漳州移民进入台湾彰化平原开垦，福建漳州萧姓族人相继于大武郡溪流域开垦，逐渐形成武东、武西保8个庄头72庄聚

枋桥头72庄往鹿港天后宫进香

落。清乾隆以来，泉、漳、粤移民分派械斗不断发生，枋桥头72庄头居民以联庄的组织来保卫家园，并至鹿港天后宫（旧祖宫）恭请分灵妈祖，建庙奉祀。枋桥头72庄是一个超越族群、聚落、地域的联庄组织，透过对妈祖的崇拜与祭祀，将不同祖籍的人群团结起来，祈求平安、化解矛盾，体现了妈祖文化和谐、包容的文化特征。

枋桥头72庄信众原每隔十二年至鹿港天后宫进香，每次连续三年；而后改为每十年进香，连续三年。进香团依照惯例基本是在农历三月三十日起驾，四月初一交香后回銮。最近一次是2011-2013年，连续三年到鹿港天后宫进香。牵头组织进香团的妈祖宫庙为枋桥头天门宫。每次进香团的阵容都相当庞大，神轿超过60顶，阵头200队以上，人数达五六万人，依时从天门宫出发，队伍绵延不断，几万信众前后要走六七个小时，才能全部抵达鹿港天后宫庙埕[chéng]。有时打头阵的队伍抵达鹿港，压尾的还在天门宫等候上路，抵达时锣鼓声、鞭炮声不绝于耳，声势浩大，场面壮观。为迎接枋桥头天门宫庞大的进香团，鹿港天后宫管委会组织义工（志工）沿路维持秩序迎接，不少企业与寺庙还在路边设有服务站，免费供应茶水、小吃，展现鹿港人待客的热情。当天晚上，联合祝祷拜寿仪式会在鹿港天后宫庙埕前举行，在钟鼓齐鸣响声中，众人依循古礼穿着古式唐装，迎请古大妈坐镇祝寿会场接受众人祝祷拜寿。

枋桥头72庄依照传统到鹿港天后宫进香，共有三大特点：一是年满90岁长辈至福鹿桥即搭乘观光三轮车随着游行队伍前进；二是鹿港天后宫在当天不关庙门，通宵迎接枋桥头72庄香客；三是隔天清晨的交香仪式由天门宫主委、大总理及接头香大饶福德宫福德正神正总理等三人一起，跪求妈祖掷杯（卜杯），得到"圣杯"即表示妈祖"有欢喜"，允许交香。这些都是与众不同的习俗。

第四节　妈祖庙会

庙会是中华文化传统的节日风俗。早期庙会仅是一种隆重的祭祀活动，随着经济的发展和人们交流的需要，庙会就在保持祭祀活动的同时，逐渐融入集市交易活动。庙会期间会有商人贩卖玩具和小食，使这些活动中的商贸气息随着群众性、娱乐性的加强而相应增加，因此庙会又称为"庙市"。

妈祖庙会升灯仪式

妈祖庙会，是指每逢春节、元宵、妈祖诞辰等节日期间，在妈祖宫庙附近聚会，进行祭神、娱乐和购物等活动。后来又在庙会上增加踩街、歌舞、戏剧、杂耍等民间娱乐活动，成为当地经济贸易、民间艺术展示的盛会。

湄洲祖庙迎春祈年庙会活动主要包括祈年纳福、祭天进表、建坛诵经、鼓乐迎春、金狮献瑞、祭祀大典等内容。纪念妈祖诞辰庙会活动内容年年都有变化和创新。除依例举行的升幡挂灯和祭祀大典外，其他的民俗文化活动形式有文艺踩街、广场民俗表演、车鼓比赛、十音八乐会奏、莆仙戏演出、花灯艺术展等，丰富多彩。

泉州每年正月元宵节或迎神赛会活动，必有化妆文艺游行的习俗。人们将妈祖神像"温陵妈"从宫庙中抬出，共同参与"踩街"活动。参加"踩街"的信众成千上万，被誉为泉州的"狂欢节"。泉州庙会"踩街"的主要传统艺术表演有："贡球舞"（彩球舞）"拍胸舞""火鼎公火鼎婆"、大鼓吹、笼吹、龙虎斗、南音清唱、弦管、十音、五音、舞狮、弄龙、阁车、高脚戏、歌仔戏、"旗锣鼓枪"等。台湾地区庙会"踩街"的形式与泉州地区的基本相同。

下面介绍天津、江苏南京、广东汕尾等地的妈祖庙会。

一、天津皇会

天津皇会原称"娘娘会"或"天后圣会"，民间口传源于元明时期，文字记载是从清康熙四年（1665）开始。乾隆年间，"娘娘会"因其宏大规模引起皇帝注意并受到嘉奖，由此改称"皇会"并流传至今。

天津皇会是天津民间极为隆重的民俗活动。它最初是为祭祀妈祖诞辰而举行的庆典仪式。伴随着天津社会经济文化的发展，逐渐演化成一种独特的将神祇[qí]崇拜、宗教信仰、问医求子、祈福还愿、赛会演剧、男女游观、会亲访友、社会交往、城乡商品交换等活动集一体的庙会形式。

旧时天津皇会的会期为九天，从农历三月十五日起至二十三日妈祖诞辰日止，其中十六日、十八日、二十日、二十二日有花会展演。花会展演场景宏大精彩，路线贯穿天津卫的城里城外。现收藏在国家博物馆的《天津天后宫行会图》绘于清代，共画有人物5000余人、白马8匹、圣母銮驾5乘，各种执事灯、扇、伞、旗、阁、塔、亭、乐器

天津皇会

共计4000余件，可见盛大壮观的天津皇会确有皇家气势，远非一般庙会能比。

　　天津皇会的会档（种类）分为三类：一是服务性质的，如扫殿会、净街会、请驾会、梅汤会等。二是仪仗性质的会，如门幡会、太狮会、广照会、宝鼎会、接香会、日罩会、灯罩会、銮驾会、华辇[niǎn]会、护驾会、灯亭、鲜花会等。三是以各类乡村民间花会为基础的表演，涉及内容相当广泛。皇会内容丰富多彩，包括杠箱、鲜花、法鼓、门幡、秧歌、提炉灯、大乐、高跷等40多种表演，融聚了天津民间各种技艺的精华，可谓"百戏云集"。

　　历史上，皇会并非一年举办一次，二十世纪仅举办过五次皇会。其实广大信众每年都要给天后娘娘（妈祖）祝寿，只是较小规模的庙会没有引起外界注意而已。1936年，天津举办了民国历史上的最后一次皇会，此后停办。1994年，在天津民俗博物馆和广大信众的共同努力下，纪念妈祖诞辰的仪式及皇会花会展演等民俗活动正式恢复，此后规模逐年扩大，内容不断丰富。比如，2012年举办的纪念妈祖诞辰祭典活动（皇会）分为三个阶段：献礼前的准备活动，献礼仪式及妈祖出巡活动。其中献礼仪式是祭典的中心环节，包括迎神礼、盥洗礼、上香礼、问讯礼、读祝礼、进献礼等九项内容。献礼仪式进行一个小时以后，由宝辇、旌旗等组成的仪仗和各道花会依序出天后宫进行妈祖出巡散福的民俗活动。参加2012年皇会出巡和展演的花会有法鼓、飞镲[chǎ]、高跷、舞狮等共计12道花会，1000多名民间艺人参加巡游展演。各道花会争奇斗艳，纷纷拿出绝技绝活，一路敲锣打鼓，沿街站满了观看巡游展演的民众，巡游队伍所到之处总能听到阵阵欢呼声。

从1994年至今，天津皇会已经恢复举办了20年。2008年，天津皇会被列入《第二批国家级非物质文化遗产名录》。

二、南京妈祖庙会

南京妈祖庙会自明代迄今，时兴时衰，绵延不绝。妈祖庙会主要集中在每年妈祖诞辰日前后，是流传于南京地区的重要民俗文化活动。南京妈祖庙会融入了古都文化和民间文化的内涵，显示出与沿海等地妈祖宫庙活动不同的文化魅力。

南京妈祖庙会

明成祖永乐五年（1407），因郑和第一次出使西洋时受到妈祖庇佑平安归来，明成祖朱棣特为妈祖在金陵仪凤门外狮子山敕建"天妃宫"。永乐十四年（1416），朱棣又为南京天妃宫撰写了699字的《御制弘仁普济天妃宫之碑》一文，并在宫中树起了高4.63米（加碑座6米）的刻有碑文的石碑。此后，六朝古都相继建造了十余座天妃宫，有：江东门外上新河北岸天妃宫，安德门外大胜关天妃宫，龙江宝船厂天妃宫等，南京人对妈祖的信仰逐渐盛行起来。下关天妃宫，为皇帝敕建，规格最高，记载最多，影响也最大。

"三月廿三，乌龟爬下关"，这是许多老南京（人）耳熟能详的一句谚语。其讲述的就是每年农历三月二十三妈祖诞辰纪念日，广大市民在下关静海寺、天妃宫门前的场地上祭祀天妃、祈求平安，形成并逐步演变为集文化商贸活动于一体的庙会。过去人们不识驮天妃宫碑的怪兽——赑屃（读作bìxì，龙之九子之一），只见它形似乌龟，因此有人就将"三月二十三庙会"简称为"乌龟会"。

妈祖庙会中表演的民间艺术主要有高跷、大幡、中幡、宝辇、提灯提炉、接香会、大殿会、单双伞秧歌、飞叉、十不闲、清驾会、五虎打箱、庄寿八仙、鹤龄跷、宝鼎会、莲花落、太狮会、门幡、什锦杂耍、杂技争雄、百花斗艳、爬杆等,以及其他娱乐、歌舞、杂耍项目。文艺演出用的服装、剪纸、空竹、绳结、雕刻,以及农副产品、手工艺品、常用农具、日用杂品等物品的买卖交易贯穿活动全程。

庙会期间要进行隆重的祭拜活动,由主祭人"郑和"(扮演)带领文武百官和十方信众共同祭拜妈祖。主要内容有:入殿谒拜进香、祈福三献礼大典、行迎神礼、行初献礼、行亚献礼、行终献礼、行送神礼等。祭拜妈祖后接着举行"妈祖踩街"巡游活动。

南京地区广大民众通过这一祭典活动平台,祭拜天妃以保佑全家平安,风调雨顺,五谷丰登,天下太平。同时通过民间文艺演出,手工制品、生活用品的买卖交换和各种祭典,营造出祈求幸福的美好意境。妈祖庙会不断把民间文艺活动、民间商业活动推向新的高潮,使其成为极具有影响力的民间文化商业活动。

1899年后,南京对外开埠,妈祖庙会繁盛一时。后因战乱,庙会时断时续。2005年,为纪念郑和下西洋600周年,南京市复建天妃宫。天妃宫竣工的第二年恢复妈祖庙会。妈祖庙会现在每年举办一次,受到社会各界的普遍欢迎。2007年,南京妈祖庙会被列入《江苏省首批非物质文化遗产名录》。

三、汕尾凤山妈祖庙会

凤山妈祖庙位于广东省汕尾市城区，始建于明末清初。清康熙解除海禁，汕尾港得到巨大发展，出现"舟楫云屯、商旅雨集"的兴旺景象，凤山妈祖庙也因此于清乾隆七年（1742）得以扩建。整座庙宇采用粤东建筑风格的三进两院布局，主体建筑面积840平方米，成为汕尾港商贸活动、文化交流、民俗活动的场所。1991年被评为汕尾市文物保护单位，并辟为旅游区。

凤山妈祖庙会起源于清乾隆年间，内容主要有：民俗祭祀活动，新年（正月初五）迎神祈福，元宵妈祖灯会采花枝，妈祖诞民间艺术巡

汕尾凤山妈祖庙会

游，凤山妈祖炮会等民俗活动。

下面介绍凤山妈祖庙会中较具特色的"凤山妈祖炮会"活动：

凤山妈祖炮会，俗称"放炮头"或"抢炮头"，据传源于广西少数民族抢花炮，是每年纪念妈祖诞辰庙会活动的重要项目之一。妈祖炮会从清乾隆凤山妈祖庙扩建重光后一直举办至今，是凤山妈祖庙举办民俗活动和修建集资的一种方式。

炮会分竞炮和抢炮两个部分。竞炮是一种类似于拍卖会的活动，主办者将炮头分别命名，然后逐一由信众竞标。竞炮之后是抢炮，那更是一个激动人心的场面。彩炮（俗称炮头）是一个30厘米的炮仗，用稻草作为保护层，内藏一支竹管装上火药，中间插入一支系着红绸布的小竹管。彩炮燃放时，借着火药的冲击力，系着红绸布的小竹管冲上高空，竞抢彩炮的人们便朝炮头落下的地方狂奔过去，竞抢后快速跑进祖庙内即成为炮头得主。在竞抢过程中，偶尔会出现不愉快的场面，但都会相互谅解，从没有发生打斗现象。旧时炮头只燃放23响，获得1、2、3炮者象征"财丁兴旺"，是最幸运的人。第4至20炮为"平安炮"，21、22、23炮称"吉子炮"，获得者也是很幸运的。因此有的团体、殷户和富商，重金聘请青壮年队伍参与竞抢。外港渔船、本港渔民都会停航，参与凤山妈祖庙炮会活动，希望得到妈祖恩赐。1995年，凤山妈祖庙炮会活动恢复后，竞抢炮头的模式基本采用旧时的做法，只是免去了跑进妈祖庙的环节。同时，为了迎合信众的需求，除竞抢炮头数量增加至1380枚外，还另设9个竞标彩炮，和一条彩带，并赋予吉祥美好的名称："一帆风顺""双喜临门"

"三阳开泰""四季平安""五世其昌""乐临善家""七彩呈祥""发达兴旺""天长地久""头彩长虹"。参与竞标出资最高者获得彩炮。此活动成为许多殷户、事业有成的老板回馈社会，感恩妈祖，支持凤山妈祖庙建设事业的机会。

汕尾凤山妈祖庙会是粤东地区富有特色的民俗文化活动。2009年，汕尾凤山妈祖庙会被列入《广东省第三批非物质文化遗产名录》。

延伸阅读

妈祖信仰习俗简介

一、妈祖信仰民俗

（一）妈祖服饰

妈祖服饰

妈祖服饰是湄洲岛传统的女性服饰，相传为妈祖生前所创。经过历代传承和演变而形成独特的服饰文化，借以表达对妈祖的纪念和崇拜。湄洲岛有民谣："帆船头，大海衫，红黑裤子保平安。"说的就是妈祖头饰和服饰的特色和内涵。

头饰以帆形髻[jì]为主要特征，寓意妈祖心系大海、身许大海的志向。把头发盘起，在后脑勺梳出船帆状发髻，象征一帆风顺，俗称"帆船头"。这种船帆状发髻用夹子别起来，两边各有一根波浪形发卡，代表船上摇橹[lǔ]的船桨；顶上盘一个圆圆发髻，代表船上的舵轮；一根红头绳盘在发髻里，代表船上缆绳；一根银钗横向穿过发髻，代表船上的锚；这些要件组合起来则代表整艘船，寓意一帆风顺。

服饰则由衣服、裤子组成，衣服以海蓝色为主调，对襟饰红边；裤子分蓝黑红三色，俗称"红蓝三截裤"。蓝色代表海洋，以追忆妈祖身许海洋的心愿；红色代表吉祥，传说妈祖拯救海难时总穿着朱衣，为民护航，人们就取红布来祈求妈祖庇佑航程平安；黑色代表思念。

莆田沿海、湄洲岛女子为纪念和学习妈祖精神，至今仍流行这种服饰，可见妈祖精神深深扎根于百姓心灵。

（二）妈祖供品

妈祖供品是指运用装饰艺术制作而成的，并摆在妈祖供桌上的祭品，俗名"妈祖筵桌"。妈祖供品制作工艺起源于宋代，其主要特色在于巧妙地运用食品原料装饰成各种形状的敬神献礼的祭品，实现了民间美术与祭祀习俗文化的有机融合。

妈祖供品的原料就地取材，供品一般有鲜花、鲜果、茶、酒、糕果、面饭、十斋、五谷等，分为文筵、武筵等。供品摆放要求达到形色兼备的艺术效果。供品礼祭后即分发给信众，叫做"分福余"，寓意人神共享，庇佑平安。

妈祖供品以福建莆田涵江延年宫妈祖蔗塔最具特色，它是以成千

妈祖供品

上万枚甘蔗节叠成几米高的镂空灯塔，形象展示信众崇拜妈祖之情，祈求生活像甘蔗一样节节高、甜蜜美好。延宁宫早期是把三、四棵甘蔗尾部捆在一起，竖立在大型果盒上，后因站立不稳，改为切段叠于果盒上，从此就越叠越高了。清代初期又改为蔗节竖放相叠作供品，清代中期开始搭叠为蔗塔，几百年来形成习俗。2007年，延宁宫妈祖蔗塔入选《福建省第二批非物质文化遗产名录》。

与妈祖蔗塔相类似的妈祖供品造型艺术还有妈祖橘[jú]塔、妈祖糕塔等。

（三）烛山祈福

元宵节又称"上元节"，福建莆田闹元宵持续整个正月，从正月初六开始就有乡村闹元宵，直至正月底才渐渐收场。每年元宵节晚，各妈祖庙有点"烛山"的习俗。

烛山祈福

妈祖庙内的一排排木架上装有数以千百计的烛钉，妈祖信众自带一对对红烛，把它点着并插在烛钉之上，远望去像座"烛山"。等到红烛烧剩二寸左右时，将其熄灭，把剩下的蜡烛（俗称"烛蒂"）带回家继续点完（这叫"请火母"），以示瑞兆临门，神佑平安。

每年的正月二十九，是莆田大多数地方元宵活动的最后一晚，称"尾冥（晚）元宵"。莆田文峰宫几乎每年元宵节"尾冥"都举行点烛山祈福活动，这项习俗已有几百年历史。当晚，人群熙攘，戏台高筑，火红的"烛山"座座相挨，点烛信众接连不断，节庆气氛相当浓厚，祈盼新的一年将过得红红火火，平安吉祥。

（四）吉日诵经

每逢农历初一、十五或重大节庆，妈祖诵经团会在宫庙内为民众诵经，消灾植福，希望人们把妈祖慈爱圣贤的启示常记在心，时时修身养性，也为所有的功德主、广种福田者、点光明灯者及善良的人们祈福纳祥。

吉日诵经

妈祖诵经团由妈祖信众组成，他们通过诵经来净化众生的心灵，从而起到维护社会祥和安宁的作用。各妈祖诵经团所诵经文不尽相同，有《天上圣母救苦妙经》《九霄天上圣母经》等。我们平常看到信众或诵经团在念经，都会为他们的虔诚善良以及为社会默默祈祷的专注神态所感动。诵经团里有白发苍苍的老人，也有意气风发的青年，大家一同颂扬妈祖丰功峻德，一同为天下苍生祈祷。

（五）妈祖挂脰

莆田民间自古就流行"挂脰"习俗，脰者，脖颈也。莆田旧俗，凡是至亲好友的孩子第一次登门作客，主人都要用红色的礼袋，装上铜钱或银圆，挂在小孩的脖子上，作为见面赠礼，寓意健康长命，有谚语称"挂脰挂脰，食到老老"。沿袭至现代，则扩大至亲朋好友的孩子要出远门经商、参军、就学、工作等，都要行"挂胚"之礼，以示祝贺，并带有资助其成功的寓意。古代，莆田人秉持"地瘦栽松柏，家贫子读书"的名训，许多穷苦人家孩子去外地求学或赴京应试，不少人就用"挂胚"习俗资助其完成学业，这体现出民间亲友互助的力量，也表现出传统的亲情与友谊维系的特别方式。宋代后，挂胚习俗延伸至妈祖，就形成了"妈祖挂胚"习俗。在妈祖巡游过程中，信众们会向妈祖神像颈项上挂上用红绳子系的金锁、银锁或钱币，以虔诚祈愿，此俗在湄洲岛尤为盛行。另外，每年元宵前后妈祖金身巡游湄洲时，当彩车上装扮成金童玉女的小孩路过亲戚家门口，亲戚都会为之"挂胚"。"挂胚"习俗，不论钱财多少，体现的是中华民族的传统美德，是促进和谐、团结的象征，在民间具有很强的生命力。

（六）伏钻轿脚

伏钻妈祖轿脚在台湾称为"俍[lèng]轿脚""钻轿底"，是台湾地区独特的一种拜妈祖的礼节和习俗。其原意是信众愿意以自己的身体，当作妈祖登轿的垫脚椅，体现了信众祈求妈祖保佑、赐福的虔诚。

台湾早期移民开发与地方商圈的发展都和妈祖信仰息息相关，每当有事情求助于妈祖，在得到妈祖指示与庇佑而使事情成功或问题解决后，因没有贵重之物答谢，乡民就用自己的身体当成妈祖登轿的"脚踏椅"，这是极为隆重的谢礼。到了今日在妈祖出巡、绕境时，"俍轿脚"演变成消灾解厄求平安的习俗。

在妈祖绕境进香的途中，经常可以看到排着长龙等待"俍轿脚"的人潮。"俍轿脚"的信众，有男有女，有老有少，大都是当地

伏钻轿脚

无法跟随妈祖绕境进香的人们。说是"俊轿脚"，其实不是真的往神轿下钻，而是提前跪伏在妈祖神轿经过的路上，有的甚至带上家人的衣物、婴儿的用品，平趴在地面上，让妈祖神轿缓缓地从身边移过。不管是春雨飞洒，还是骄阳当空；不管路面是崎岖不平，还是泥泞满地，只要妈祖神轿一到，等待的信众们一个个义无反顾地跪趴在地，口中念念有词。有的甚至满眼泪水，不断轻声地对妈祖诉说着、祈求着。有时，妈祖神轿离得还很远，但信众们早已来到预定的地方，排起了长长的队伍，耐心地等待妈祖神轿的到来，人潮长龙延伸数公里。

整个过程中，最辛苦的当数神轿班的执事们。妈祖神轿下，有成千上万的信男信女。为了让信众有诉说、祈求的时间、空间，神轿移动的速度十分缓慢，神轿底座的高度必须控制得恰到好处，不能碰伤信众。"俊轿脚"的人数众多，绕境队伍只能十分缓慢地行进，往往误了下一站的行程，但自始至终，听不到任何怨言。下一站的迎驾阵头、人流，总是耐心地等待着队伍的到来。当然，下一站也总是重复着上一站的场景，等待"俊轿脚"的信众，也总是早早地排好了虔诚的长龙。

（七）犁炮炸轿

"犁炮炸轿"是台湾妈祖宫庙的节庆习俗。火炉上放一块铁板，工作人员只要把鞭炮往铁板上一压，就能引燃引线，鞭炮瞬间燃放，烟雾碎屑满天飞散，震撼力惊人。而信众要抬着妈祖神轿穿过大量正在燃放的鞭炮，相传炮炸得越多，越响亮，就能为地方带来更多的福气和财运。

每年农历三月十九和二十两天，是台湾云林北港朝天宫一年一度的迎妈祖盛会，这两天除了可以看到各种阵头，四五十辆真人艺阁花车，还能看到最特殊的"犁炮炸轿"。"轰"的一声，妈祖神轿消失在烟雾中。旁边轿班人员，装备齐全，每个人手拿扇子，同时搧[shān]烟，他们头上、脸上都是炮灰，场面既热闹又刺激，这就是北港朝天宫的"犁炮炸轿""神轿吃炮"。许多信众越靠越近，根本不怕，因为他们相信有妈祖保佑，这炮会让人越炸越旺。

（八）乞龟祈福

"乞龟"祈福是泉州和澎湖两地的一项民俗活动。澎湖80%的民众祖籍为泉州。每年农历正月新年，泉澎两地的天后宫都要制作"米龟"，近年制作的"大米龟"重达3-4万斤，颇为壮观。在传统文化中，龟是灵物，灵龟乃长寿吉祥之象征。泉澎地区自古就有元宵节时办乞龟的习俗。所谓乞龟，最初是庙方提供面龟、红毛龟等龟形糕点，称为寿龟，供信众掷筊乞赐，待得到神明的允赐后，就可以带回家以保佑全家平安或藉以祈求后嗣。当地有民谣云："摸龟头盖大楼，摸龟嘴大富贵，摸龟身大翻身，摸龟脚吃不干，摸龟尾吃到有头有尾"。乞龟活动主要在妈祖宫庙举行，近年泉州天后宫、泉州霞洲妈祖宫、澎湖天后宫都举办过规模盛大的"祈龟民俗文化活动"，成为一项深受民众喜爱的元宵佳节民俗活动。

（九）台湾鹿港遥祭

1895年，中日甲午之战后，清廷被迫签订了丧权辱国的不平等条约《马关条约》，割让台湾给日本，台湾开始了长达半个世纪的日据时期。日据时代，妈祖祭祀活动受到了日本殖民者的严重干扰和阻碍。台湾分灵庙按惯例回福建湄洲妈祖祖庙谒祖进香更是困难重重。日本统治台湾期间，极力推行"皇民化运动"，处心积虑地把中国的汉文化、传统文化进行"教同化"，其中冲击最厉害的就有妈祖信仰。虽然后来日本在台的总督也拜敬妈祖，但台湾妈祖信众在外国人的控制压力之下心灵感受难以言表。台湾的妈祖信众在日本统治下的几十年间，采取了多种变通方法，来举行"遥祭妈祖"活动，比如鹿港天后宫的遥祭妈祖活动。

鹿港天后宫的遥祭妈祖活动是在岸边、船上或宫里等地方进行。遥祭妈祖时，妈祖信众在海边的船上，随带供品，召集相关人员，在船上放鞭炮，还要焚香、点烛，磕头、跪拜，祈求妈祖保佑鹿港天后宫以及台湾信众能够早日回到湄洲妈祖祖庙。"遥祭妈祖"活动不仅吸引了鹿港天后宫的信众，还吸引了附近一些妈祖信众加入

"遥祭"队伍，活动更具规模，内容更加丰富，影响更加广泛。有的遥祭妈祖环节在宫中，就在宫中准备供品，祭拜湄洲妈祖。"遥祭"时间，或选择三月廿三妈祖诞辰日，或选择九月初九妈祖升天日，有时还与鹿港天后宫其他的节庆活动相结合。每到此时，鹿港天后宫张灯结彩，灯火通明，香烟袅袅，人山人海，热闹非凡。有时若遇到意外大事，心有所求，亦会进行"遥祭妈祖"活动。

（十）北港朝天宫妈祖诞辰绕境起驾仪式

北港朝天宫纪念妈祖诞辰绕境活动起驾、回銮仪式仪程内容很丰富。

北港朝天宫XXXX年农历三月十九、二十日祈安绕境，恭请天上圣母登轿出巡绕境起驾。

（1）典礼开始　（2）主祭者就位（请董事长就位）　（3）陪祭者就位（全体董、监事、来宾…）　（4）与祭者就位（各轿班会会长及炉主）　（5）分香　（6）主祭暨全体与祭者向天上圣母行上香礼　（7）上香，再上香，三上香　（8）集香　（9）献花　（10）献茶　（11）献果　（12）献馔　（13）献金　（14）请法师诵经祈福　（15）上表文　（16）全体与祭者合掌向天上圣母三问讯礼、一问讯礼、再问讯礼、三问讯礼、复位　（17）钟鼓齐鸣、恭请 天上圣母登轿　（18）请法师诵经安座　（19）唱班（钟鼓停、请庙内全体信徒脱帽）　（20）钟鼓齐鸣、起驾（出庙）

北港朝天宫农历三月十九、二十日圣母出巡绕境唱班词：

唱班（出庙）

（1）大中华台湾　（2）台湾省云林县北港镇　（3）北港朝天宫天上圣母　（4）岁次XXXX农历三月十九、二十日　（5）出庙绕境阖省

平安 （6）祈求风调雨顺、国泰民安 （7）五谷丰登 （8）进

北港朝天宫农历三月十九、二十日圣母出巡绕境唱班词：

唱班（入庙）

（1）大中华台湾 （2）台湾省云林县北港镇 （3）北港朝天宫天上圣母 （4）岁次XXXX年农历三月十九、二十日 （5）绕境入庙阖省平安 （6）祈求风调雨顺、国泰民安 （7）五谷丰登、四时吉庆 （8）进

恭请妈祖安座程序：（1）洒净 （2）诵经 （3）持咒 （4）请安座 （5）回向

祭祀仪程

北港朝天宫每年有两次大型妈祖祭祀活动——秋祭和春祭。秋祭和春祭中还有祭祀妈祖和祭祀妈祖父母之分。下面是秋季祭祀妈祖典礼仪式：

鸣鼓三通

（1）典礼开始—（钟鼓齐鸣）鸣炮

（2）礼生就位—陪祭就位—主祭就位—（奏乐）

（3）瘗毛血

（4）主祭跪—分香

（5）全体与祭者向天上圣母暨圣父母行上香礼—上香—再上香—三上香—集香

（6）主祭—献花—献茶—献果—主祭兴（乐止）

（7）请法师诵经祈福（全体与祭者请合掌）—（奏乐）

（8）主祭跪—献爵（酒）—献帛—叩首—再叩首—三叩首—兴（乐止）

（9）读祝文—主祭跪—读祝文生就位—读祝文—读祝文生兴—主祭兴—（再奏乐）

主祭跪—再献爵（酒）—献牲—献馔—叩首—再叩首—六叩首—兴

主祭跪—三献爵—献羹—献饭—献金—叩首—再叩首—满叩首—兴（乐止）

（10）钦福酒、受胙礼

主祭跪—钦福酒—受胙—兴

（11）全体与祭者向天上圣母暨圣父母行三问讯礼（请合掌）

一问讯礼—再问讯礼—三问讯礼—复位

（12）来宾上香

（13）焚金帛（全体与祭者，请面向朝外）（奏乐）

（14）望燎

（15）复位（乐止）

（16）恭祝风调雨顺—国泰民安—礼成—退班

（十一）台南大天后宫祭祀

大天后宫妈祖祭祀内容比较多，很多方面都传承了古时祭典内容。对祭祀中的各种角色都做了规定，祭祀过程庄严肃穆，热烈祥和。

祭祀仪程具体如下：

鸣炮，走班，乐生、舞生齐集于三川门外列队，候请。

大通唱：祭典开始，行释奠礼！

大通唱：启扉！排班，班齐！执事者各执其事。

大通唱：乐舞生就位！（旌节上正殿）（鼓声照步伐，先二下鼓边，再鼓、鼓鼓）

大通唱：纠仪官就位！（与大通对边立）

大通唱：陪祭官就位！

大通唱：正献官就位！

大通唱：瘗毛血！

◎行迎神礼

大通唱：迎神（鼓钟齐鸣，鼓、鼓、钟）

东麾唱：乐奏昭平之意！（诗歌鼓乐齐奏。鈇钺伞扇灯炉旌节由三川门入）

大通唱：（排班至丹墀时）全体肃立，行三鞠躬，一鞠躬，再鞠躬，三鞠躬！

大通唱：行上香礼。

正引赞唱：正献官行上香礼（诣盥洗所，盥洗，由东阶上，诣天上圣母座前）就位，鞠躬，上香！

行跪，叩，兴之三跪九叩礼！

副引赞唱：请正献官复位！（由北阶下）

西麾唱：乐止！

◎行初献礼

大通唱：奠帛爵行初献礼！

东麾唱：乐奏《宣平之章》（诗歌齐奏）

东节唱：舞以《宣平之舞》（佾舞：行列整齐的舞蹈）

正引赞唱：正献官行初献礼！（由南阶上，诣天上圣母座前）就位，鞠躬，上香！献帛（附表封）！奠爵（置正中）！案前设茅沙池

行跪三鞠躬礼！

副引赞唱：诣读祝位！

正引赞唱：就位！鞠躬！恭读祝文！

大通唱：读祝文，众官皆礼

副引赞唱：正献官复位！（由北阶下）

正引赞唱：行三鞠躬礼。鞠躬，再鞠躬，三鞠躬！

西麾唱：乐止！

西节唱：舞止！

◎行亚献礼

大通唱：行亚献礼！

东麾唱：乐奏《秩平之章》（诗歌齐奏）

东节唱：舞以《秩平之舞》（佾舞）

正引赞唱：正献官行亚献礼！（由南阶上，诣天上圣母座前）就位，鞠躬，奠爵（置左）

行三鞠躬礼：鞠躬，再鞠躬，三鞠躬！

副引赞唱：正献官复位（由北阶下）

西麾唱：乐止！

西节唱：舞止！

◎行终献礼

大通唱：行终献礼！

东麾唱：乐奏《叙平之章》（诗歌齐奏）

东节唱：舞以《叙平之舞》（佾舞）

正引赞唱：正献官行终献礼！（由南阶上，诣天上圣母座前）就位，鞠躬，奠爵（置右）

行三鞠躬礼：鞠躬，再鞠躬，三鞠躬！

副引赞唱：复位（由北阶下）

西麾唱：乐止！

西节唱：舞止！

来宾行上香礼

大通唱：饮福受胙（由南阶上，诣天上圣母香案前）

正引赞唱：正献官就位，鞠躬，饮福酒；受福胙，行三鞠躬礼：鞠躬，再鞠躬，三鞠躬！

副引赞唱：正献官复位（由北阶下）

◎行撤馔礼

大通唱：撤馔！（司事者捧馔（四色糕）至三川门外）

东麾唱：乐奏《懿平之章》（诗歌齐奏）

◎行送神礼

大通唱：送神！（鼗鼓、镛钟齐鸣。鈇钺扇伞灯炉旌节由内至三川门外止）

东麾唱：乐奏《德平之章》（诗歌鼓乐齐奏）

大通唱：全体肃立！行三鞠躬礼；一鞠躬，再鞠躬，三鞠躬！

西麾唱：乐止！

大通唱：望燎！（司祝者司祝，捧帛者捧帛）恭诣燎炉，敲钟擂

鼓（鼓、鼓、钟）

　　正引赞唱：正献官诣望燎位！（焚帛）（向外至三川门）

　　大通唱：胝燎！（焚祝）鸣炮！复位！

　　大通唱：礼乐生退班！（旌节退）（鼓边二下，鼓鼓，鼓）

（十二）嘉义新港奉天宫祭祀活动

　　新港奉天宫与北港朝天宫只有一河之隔，在祭祀妈祖的礼仪上，有相同的方面，也有不同的地方。2009年新港奉天宫聘请孔庙李长安先生等教授舞蹈，舞蹈内容参照《大清礼仪会典》，有通神、上香、初献、祝文、亚献、终献、分献、饮福受胙、谢祝，还有献花、献茗、献果、进爵、进酒、献酒、献寿桃、献财帛、献馔、献果品、献刚鬣、献柔毛、献牲礼……，还有"致净水"和"吟诗"等仪程。包括佾生、礼生、乐生、歌生、司仪、司礼在内参祭人员超过200人，其中舞生演六佾，分六横六竖，共36人，颇具特色。祭祀时的祭文由专人撰写，表现妈祖博爱精神和博大精神的内涵。

　　新港奉天宫2014年开展"陪妈祖过年"开庙门抢头香和"山海游香迎妈祖"九天八夜的绕境活动，有时还举行"符"与"醮"的特展，将醮坛直接搬进展览场，展示全台湾各地不同神明及不同功能的符令，也颇具特色。

（十三）松山慈祐宫祈福绕境

　　松山慈祐宫原名锡口妈祖宫，肇建于清乾隆十八年（1753）。相传昔日有一福建省行脚僧，俗名林守义，法号衡真，由湄洲分灵金身，于雍正末年渡海来台，在沪尾（今淡水）登陆后即沿途化缘。乾隆元年（1736）行抵锡口，因当地士绅多为泉邑同乡，对妈祖信仰深厚，乃倡议立庙供奉。经集资募捐十余载，于乾隆十八年（1753）开始兴建，至乾隆二十二（1757）年完竣。

妈祖庙一般都是朝向海洋或河川的，溯其缘由乃因妈祖是渔民的守护神，但慈祐宫却背水朝山，坐北朝南。相传锡口街状似鲤鱼，北面滨基隆河，南面又和大尖山（大炎山）相对，此地为鲤鱼穴风水绝佳，有水火既济之意，故在此建妈祖庙。关于鲤鱼穴之记载，在《松山慈祐宫重修落成建醮纪念》一书中记载："锡口地理系得真正龙脉，穴结鲤鱼跃波之势，自淡水河剑潭分流至松山长寿桥下再分一小支流，环弯曲之区内，此地形成鲤鱼吉穴，头临大江似跃波之势，圣母庙宇远在乾隆年间择地于此。"

慈祐宫信仰圈由13个街庄组成，这13街庄范围涵盖现在松山、信义、南港、内湖、大安与中山等6个行政区，因此每年的妈祖祈福绕境不仅路线长，而且人流量大，沿街敬拜或欣赏民俗艺阵的民众都超过上千人。妈祖神尊与阵头从中仑福成宫开始步行绕境，经八德路、松山路后，再回到饶河街，沿途信众争相"钻轿脚"求好运。

沿路商家与庙方则从下午二时起陆续摆出香案、放鞭炮等候神轿回鸾。在慈祐宫庙前广场，一连五天架设舞台，上演酬神歌仔戏，戏有《天官赐福》《醉八仙》等剧目，每场都吸引许多民众或外国观光客驻足欣赏。

（十四）蚕沙口天妃宫庙会

蚕沙口天妃宫，在河北滦南县柳赞镇蚕沙口村，俗称"三仙娘娘庙"。蚕沙口曾是古代海运入京东辽西的必经之海河转运码头和天然的避风港湾。元至元二十一年（1284）元世祖忽必烈下诏疏浚滦河，大开海运。于是装载漕米、竹纸、杂品的江浙、闽粤商船纷纷驶舟北上。蚕沙口南滨渤海，西邻泲河，北连滦河，远通直沽，为海河转运的知名码头，是当时江南诸镇商船行河北必达之地。又因蚕沙河口为渤海湾中之湾，浪缓滩平，故江南商船、米槽海运船多避风于此。于是商船信众兴修起天妃宫。天妃宫自清乾隆年间至民国初年有多次重修，1952年被改为蚕沙口小学，1992年9月经河北省文物事业管理局批准，村民自筹资金复建天妃宫、古戏楼等建筑。1993年3月天妃宫主体工程基本竣工。后经滦南县人民政府批准，定为县级文物保护单位，设"滦南县民俗博物馆"，由县文物管理局管理。每年农历三月二十三妈祖诞辰，是天妃宫的传统庙会时间。整个庙会时间从农历三月十五开始，至三月二十四结束。庙会期间，蚕沙口村香客云集，商铺林立。近年来参加庙会的人数超过十万，商铺绵延数里，商品交易额超千万，是北方妈祖庙会的典型代表之一。

二、海外妈祖祭祀习俗

（一）日本妈祖祭祀习俗

日本的妈祖信仰氛围甚为浓厚，据统计现存妈祖奉祀场所50多处。长崎是日本境内现存妈祖宫庙最多的地方。长崎人对妈祖的信仰始于日本江户时代，当时从中国来的船员都信奉妈祖，平安抵达长崎港后，便将随船携带的妈祖神像安放在长崎当地的中国寺庙中。明治维新之后曾将这一习俗废止。直至1989年，当地的市民团体"长崎市民网络工作会"又将这一祭祀习俗恢复起来。现在，一年一度的"长崎妈祖灯会"一般在元宵节期间举办，重头戏是"请妈祖"盛装游行并举行祭祀活动。当日，日本长崎市妈祖信众身穿中国式服装，抬着妈祖神像，边向天空撒祭祀用的纸币，边敲锣打鼓行进在长崎市中心的大街小巷。盛装游行队伍从孔庙出发，经过华人聚居的老街和露天市场街，向长崎兴福寺行进，全程大约4千米。沿途吸引了很多长崎的市民和外地的游客，大家都兴奋地为游行队伍击掌助威。途中，信众会面对神轿上的妈祖举行祭祀、参拜仪式。

2006年3月初，日本横滨妈祖庙建筑全面竣工，并举行妈祖庙开光典礼，来自海内外的华侨华人代表及日本各界人士，聚集妈祖庙，共襄盛举。湄洲妈祖祖庙董事会应邀组成庆贺团赴日本庆贺。在妈祖庙开光前一天，湄洲妈祖祖庙庆贺团乘机抵达日本。3月17日凌晨，横滨妈祖庙按中国传统科仪对神像开光点睛。开光点睛程序：首先是申文发奏，接着是香赞、结台、礼三宝、荡秽、请神、敕笔点睛、定光、诵经祈福、圆满送圣。

（二）印尼妈祖祭祀习俗

印度尼西亚共和国，是"千岛之国"，几乎到处都有华侨华人的足迹，很多地方都建有妈祖庙，光首都雅加达就有规模不等的数座妈祖庙。加里曼丹岛这"赤道上的土地"，古称"婆罗洲"，是世界第三大岛。华侨华人几乎都集中在经济发达的河流下游及海滨地带，沿江流域几百公里长的两岸有大小十几个城市。岛上大部分地区的河流可以通航，是贸易和商业活动重要的命脉。因此，许多地方建有妈祖庙，山口洋天后宫是印尼许多天后宫之一，位于城镇主干道之一的中兴街末段，占地一亩左右。山口洋天后宫究竟建于何年，已无确切的文字记载可供考证。庙前巍然耸立的牌楼横额赫然大书"湄洲古庙"四字楷体。庙中有《天后圣母简史》，描写了妈祖的生平，特别写出"妈祖生于宋今福建省莆田县"。整个庙宇建筑紧凑简朴，却给人庄重、亲切的感觉。

每年正月十五，山口洋都要举行闻名全球的元宵盛会。这个盛会主打项目就是"众神出游"，妈祖出游是最重要的活动内容。还要举行祭祀妈祖仪式，祭祀妈祖仪式的仪程比较简单，分别为呼神、上香、点烛、磕头、跪拜、焚帛、放鞭炮。祭祀的供品采用当地食品，以及鲜花水果等等。近年，祖籍广东梅州大埔县，系第四代华裔的黄少凡当选山口洋市长，这有助于妈祖文化的弘扬。

（三）泰国妈祖祭祀习俗

泰国有妈祖庙十多座，其中曼谷林氏天后宫由先贤林和昌、林玉兴、林万生三位先生倡导捐建，供奉湄洲妈祖——天上圣母。每年妈祖节庆或逢宫庙开光，都举行盛大的祭典活动，来自各地的知名人士及宫庙负责人参加祭祀。2000年，农历四月廿四，该宫重修落成举行开光大典，并进行了盛大的祭祀和出游活动。祭祀程序为上香、跪拜、献礼等等。

每当妈祖诞辰或逢重大节庆都举行一系列的祭祀活动。参加人员包括地方官员、乡老、企业界代表、信众等，当地重要官员、宫庙管理人员、功德主担任主祭人，参加祭祀者执香、上香，以三跪九叩之礼先拜天地之神，后拜天上圣母，再行三献礼，祈求风调雨顺、国泰民安、生活享福、身体健康。供品有鲜花、鲜果、馔盒、果盒、面食饼类等。

祭祀之后，一般情况下泰国林氏天后宫都召集大家聚在一起进行交流和餐会，一为表示对神明的敬重，二为聚会联络感情。

（四）马来西亚妈祖祭祀习俗

马来西亚的华侨华人较多，在这里妈祖信仰非常普遍。马来西亚海南雪隆会馆天后宫每年都会举行祭祀活动，还曾邀请福建泉州祭祀队伍前往表演祭典乐舞。

马来西亚槟城是一座临海城市，海岸线长，渔船多，与海打交道的信众视妈祖为最佳保护神。2004年5月16日（农历三月廿三），为了纪念妈祖诞辰1044周年，马来西亚槟城天后宫举行了一场盛大的巡游祭祀妈祖活动。活动由槟城海南会馆天后宫主办，主要有妈祖花船海上巡游、妈祖灵神巡幸槟城、妈祖祭祀庆典、妈祖花车巡游等活动。

妈祖海上巡游时，有60多艘船超1000信众参与，船队有二艘先锋船开路，右船上为"千里眼"神像，左船上为"顺风耳"神像，还有醒狮船、舞飞船护航。在槟城天后宫举行的祭祀仪式活动颇为盛大，门口竖三支大龙香，天后宫前道路铺地毯，祭祀仪程为：司礼生上贡香、花、果、帛、寿面，主祭陪祭上头香，主祭陪祭献花，行三跪九叩，吟唱祝文，焚祝文，舞金童八佾舞。

（五）越南妈祖祭祀习俗

越南天后宫是华人社区活动的重要场所，每年妈祖节庆基本都有举办活动。著名的有胡志明市、新城市等地天后宫，每年都举行相关活动。这些宫庙妈祖祭祀活动基本都是按照华人传统的习俗来举行，并与当地文化活动相结合，以此来弘扬和光大妈祖文化。当地华人居住比较分散，信息比较闭塞，因此要采取一些措施，如助奉市天后宫在2013年2月24日（癸巳年正月十五）要借助元宵节活动来祭祀妈祖，就需要提前贴出告示，告知华人来参加祭祀妈祖活动。

天后宫庆祝元宵佳节启示内容如下：

微风轻拂，大地回春开泰境；

新月高升，平阳举盛庆元宵。

敬启者：癸巳年春节来临，借此顺颂诸位各界新春快乐，万事胜意！是颂！是祝！

公历2013年农历癸巳正月十五上元天官宝诞日，本宫巡例虔诚庆祝元宵佳节，暨办迎神参赛盛会。仰借天后圣母慈德荫庇合境平安、风调雨顺、添福舔寿、心想事成。届时仰请诸位善信莅临拈香参拜祈祷心愿。癸巳年正月十五，本宫敬备家乡菜肴：素菜、荤菜等福酌；善待诸位善信自由参加自由入席，迎请领平安福筵。是日下午准二时恭迎天上圣母元君圣驾出游。在春节期间从正月初一起至元宵佳节，本宫特备胜灯、金花、金串、大吉、善款概充作本市华文学校为常年经费之用。为善最乐、福有攸归，是幸！附注：各团体参加迎神参赛盛会，请于正月十四前，在本宫值日执事处登记，以便安排盛会节目。是荷！

平阳省助奉市天后宫理事新民外语信息学校 同谨启

从天后宫庆祝元宵佳节启示中，可以看到越南妈祖信众祭祀妈祖的一些情况，如备胜灯、金花、金串、大吉、善款等。其中最重要的祭祀程序是：准备供品，召集信众，上香、跪拜、献礼、叩头、鞠躬、焚帛等。

（六）美国妈祖祭祀习俗

美国华盛顿、旧金山市等地方都建有妈祖庙，他们在节庆或重大活动都举行祭祀妈祖活动。2010年农历三月十九，旧金山天后古庙举行盛大的"庆祝旧金山天后古庙一百周年纪念大典"祭祀活动。祭祀妈祖仪程包括：上香，鞠躬，叩头，献礼，三拜，念祈福文告，梵帛，礼成。

天后古庙理事会邀请了湄洲妈祖祖庙董事会和很多华侨华人参加此次活动，但湄洲妈祖祖庙距美国遥远，只能发去贺电庆贺。天后古庙理事会成员说："这次盛大的妈祖庆典，是按照妈祖的'旨意'来进行的。"在祭祀时，以"妈祖降銮"之意来表达。

天后古庙理事会成员认为：在美国旧金山天后古庙纪念建庙一百周年的大日子，希望妈祖信众一起同沐圣光，发扬优良传统。为表敬仰"天后圣母"慈恩，传承"百年来在金山立道，护土安民，全埠民丰物阜，神恩浩荡，难以为报。故借今日百岁之周，回忆过往数十年来建树无方，始后耕耘当望有进"之意，专门举行一次大规模的"祈福大醮"，以求消灾解难，国泰民安，世界和平。这次盛大的"祈福大醮"，"是为着赐福迎祥，圣母出巡悯众生之苦难，是百年难得一睹圣颜之愿"。

纪念活动使妈祖一千多年的历史信仰得到弘扬，让广大信众忆百年前先贤创金山分灵建庙之苦。正感大道无私，普济劝善可望挽道德沉沦，唯有用此虔诚去报答妈祖的慈恩，更望有缘人在金山有一个钟灵毓秀的圣域去求道善德之处。

（七）加拿大妈祖祭祀习俗

加拿大，许多华人社区都供奉妈祖，并按照传统习俗举行祭祀活动。每当妈祖节庆的日子，都热闹非凡。尤其是在中国传统的春节、元宵节，很多华人都会按照自己的习惯举行一些祭祀活动。加拿大蒙特利尔天后宫基本由华人组织来举行一些活动。

加拿大卑诗省坎伯兰市，煤炭资源丰富，曾经就有华人矿工在那里开采煤炭。贝茨·弗雷德是坎伯兰市市长，他想通过妈祖活动，吸引更多的华人华侨到该地投资，重新开发煤炭资源。为此，贝茨·弗雷德在2011年9月9日中午，专程踏上了湄洲岛，还特地在祈福殿点了一盏妈祖光明灯，以祈求坎伯兰市全体市民平安幸福。之后，他到了湄洲妈祖祖庙正殿，按照祖庙礼仪毕恭毕敬地向妈祖金身上香、行三跪九叩礼，之后向祖庙恭请一尊妈祖神像。他还认真地向祖庙工作人员询问了解奉祀妈祖的有关礼仪，并特地打了越洋电话，指示市政府的工作人员尽快整理出该市图书馆，腾出位置安放妈祖神像，待妈祖庙建成后再移驾到庙宇供奉。

（八）南非妈祖祭祀习俗

南非开普敦的水产资源十分丰富。南大西洋的本格拉寒流流经此地，为西开普省带来了近28万个就业机会。当地盛产的海鲜种类很多，包括龙虾、鲍鱼及生蚝等。世界各地的渔民长期在这里生活，尤其是台湾地区渔民在这里还建有妈祖庙，并常年开展妈祖文化活动，还把这个习俗带到非洲。津巴布韦朝天宫，位于津巴布韦国哈拉雷市海得费区乔治路20号，在董事长蔡庆洲的带领下，多次开展各种妈祖文化活动，每年妈祖诞辰日和妈祖升天日，或是遇到重大节庆活动，都举行盛大的妈祖绕境庆祝活动。参加人员除了来自台湾北港的妈祖信众，还有南非本国的民众。绕境活动都是围绕人口众多的街道来进行。妈祖绕境活动主要有妈祖起驾、绕境、安座等等。祭祀内容、仪程和供品等主要参考台湾北港朝天宫的习俗。南非开普敦的天后宫每年也与津巴布韦朝天宫一样，在董事长林志宏的领导下，开展各种妈祖祭祀活动。

（本节内容多选自林国良主编《莆田妈祖信俗大观》，海风出版社，2014年；周金琰编著《妈祖祭典》，山东友谊出版社，2013年）

第五章

CHAPTER 5

艺文欣赏

第五章

艺文欣赏

第五章　艺文欣赏

　　妈祖艺文内容十分丰富，包括文学作品、书画美术作品、音乐舞蹈作品以及建筑艺术作品等等，但其中应以文学作品所占分量最重。与其他传统文化题材一样，妈祖文学作品也有诗歌、散文、小说、戏曲等样式。

　　这些不同样式的文学作品出现时间不同，数量有多有少。如吟咏妈祖的诗词作品宋代即已出现，且内容丰富，数量多，目前发掘出的古诗词已达千首；作者面也很广，上至帝王将相，下至僧人、道士、布衣、闺秀，除中国作者外，还有朝鲜、琉球、日本、越南等外国诗人。

　　散文方面，内容以记述妈祖圣迹故事和记载妈祖宫庙修建之事，占绝大多数。《妈祖文献史料汇编·散文卷》共收录214篇，但仍有许多未及收录。

　　以妈祖神话为题材的章回小说则到明万历时才出现，它以明万历年间（1573—1620）吴还初的《天妃娘妈传》一书为代表。不过同时代和稍后出现的描写妈祖形象和情节的小说、拟话本还有不少。例如明万历二十五年（1597）罗懋[mào]登的《三宝太监全传西洋记通俗演义》中就有天妃出场；崇祯间陆人龙《辽海丹忠录》也有毛游击向天妃娘娘祈求止风、图建奇功以及请建庙岛天妃庙的情节。清代出现天妃妈祖形象或情节的小说更多，例如李渔的《连城璧》、弥坚堂主人的《终须梦》、陈瑞生的《再生缘》、鸳湖烟水散人的《女才子书》、临鹤山人的《红楼圆梦》、倚云氏的《升仙传》、嘿生的《玉佛缘》等等。

　　戏曲中出现妈祖稍晚一些，不过，明代一些戏曲作品中已留有天妃娘娘的踪迹。如明代著名剧作家汤显祖的"临川四梦"之一的《邯郸记》第二十二出就有书生落水后呼唤"哎哟！天妃圣母娘娘，一片木板儿，中甚用呵"的道白。明代，反映郑和下西洋的佚名杂剧《奉天命三保下西洋》中，天妃作为旦角正式登场。此剧中还有郑和梦晤天妃，得天妃面授机宜的情节。明末陆世廉的杂剧《西台记》、张大复的《钓鱼船》等剧中亦有天妃角色。清代出现天妃妈祖的戏剧更多，这些天妃妈祖基本都是以忠正和慈悲的女神形象出现，体现了剧作家对天妃形象的定位和认同。如杨潮观的杂剧《感天后神女露筋》、积石山樵的《奎星见》、晚清女剧作家刘清韵的剧本《天风引》、文言翻译家林纾[shū]的《天妃庙传奇》等等。而在地方戏曲中也不乏天妃形象。如清宫剧《进瓜记》中天妃和钟馗一同登场。近代莆仙戏《天妃降龙全本》，故事描写天妃降伏东海龙王。闽剧《妈祖出世》，叙妈祖本是天上伺花女被贬下凡，被渔翁林家收养，后为证明贞洁无瑕而剖腹，死后还屡屡施恩林家，其故事异于一般妈祖传说。寿宁傀儡戏《水国硐[dòng]》（《天妃传》）演的也是莆田妈祖于水国硐修炼道法，收罗睺[hóu]、鳄鱼精，于海上救难，护国佑民的故事。现当代又出现了一大批妈祖题材的戏剧、电影和电视剧作品。如上世纪50年代莆田苏如石的莆仙戏《妈祖志》，台湾陈文泉编导的电影《圣女妈祖传》，近年莆田王琛编剧的《妈祖传》、仙游郑怀兴的戏剧《妈祖——林默娘》，还有电视连续剧《妈祖》、舞蹈诗剧《妈祖》、新编妈祖戏《心灯》等等。

由于篇幅的限制，以下只选一些篇幅较短、文字较为浅显而具有一定代表性的文学作品加以赏析。

第一节　诗咏名篇

一、题顺济庙

宋·黄公度

枯木肇灵沧海东，参差宫殿崒[zú]晴空。

平生不厌混巫媪[ǎo]，已死犹能效国功。

宋黄公度诗

万户牲醪[láo]无水旱，四时歌舞走儿童。

传闻利泽至今在，千里危樯[qiáng]一信风。

作者简介

黄公度（1109－1156），字师宪，号知稼翁，福建莆田人，宋绍兴八年（1138）状元，任平海军节度推官、秘书省正字。因得罪权贵一度被罢官。后调任吏部考功员外郎。有《莆阳知稼翁集》。

简析

本诗是除廖鹏飞《圣墩祖庙重建顺济庙记》所附《迎神歌》《送神歌》二首祭诗外，目前所能读到的最早吟咏妈祖的诗作，也是第一首出现妈祖庙号的诗歌。诗人是应白塘李富邀请，参观重建的圣墩祖庙之后所作。

首联用妈祖"枯槎[chá]显圣"故事。大意是说，顺济庙缘于妈祖在莆海之东显灵而兴建，建成后的宫殿错落有致，高高耸立，在晴空下显得雄伟壮观。诗人以写庙宇高峻，来衬托妈祖的高大形象。第二联意为妈祖生前为巫医，不厌其烦地为民治病；死后又为国家立下许多功劳。第三联说，妈祖因能防旱救涝，保佑年景丰收，受到了千家万户的虔诚奉祀。顺济庙一年四季都举行庙会，其中还有"小儿队"的歌舞表演。尾联的"危樯"指船上高耸的桅杆，代指船只。意为传说妈祖至今还在为人民造福，庇佑海上远航的船只顺风顺水。

二、白湖庙二十韵

宋·刘克庄

灵妃一女子，瓣香起湄洲。巨浸虽稽天，旗盖俨中流。

驾风樯浪舶，翻筋斗鞬[qiān]鞦[qiū]。既而大神通，血食羊万头。

封爵遂綦[qí]贵，青圭蔽珠旒[liú]。轮奂拟宫省，盟荐皆公侯。

始盛自全闽，俄遍于齐州。静如海不波，幽与神为谋。

营卒尝密祷，山越立献囚。岂必如麻姑，撒米人间游。

亦窃笑阿环，种桃儿童偷。独于民锡福，能使岁有秋。

每至割获时，稚耄[mào]争劝酬。坎坎击社鼓，呜呜缠蛮讴。

常恨孔子没，豳[bīn]风不见收。君谟与渔仲，亦未尝旁搜。

束皙何人哉，愚欲补前修。缅怀荔台叟，纪述惜未周。

他山岂无石，可以砻[lóng]且锼[sōu]。吾老毛颖秃，安能斡[wò]万牛。

作者简介

刘克庄（1187－1260），字潜夫，号后村居士，福建莆田人。以父荫入仕，曾任建阳、仙都县令。因写诗《落梅》得罪权贵，闲置近十年。南宋淳祐六年（1246）赐同进士出身。历官枢密院编修、中书舍人、兵部侍郎、工部尚书等，以龙图阁直学士致仕。谥文定。有《后村先生大全集》。

简析

此诗为作者晚年家居时作。白湖庙在今莆田阔口，为南宋著名妈祖庙。全诗主旨是赞颂妈祖神通广大，朝野崇敬，宫庙信众遍及全国。诗的后半部分则是慨叹妈祖事迹不为故乡学者所重，记述也不周详。开篇"灵妃一女子，瓣香起湄洲"是本诗名句，意谓妈祖本是一介渔女，因她的灵圣，使湄洲成为万众敬仰的圣地。接下几联描述妈祖神通的广大：在连天巨浪中，倚赖神力的护佑，那风樯浪舶，竟如陆地之翻筋斗、荡秋千般无所可虞[yú]。妈祖神通既大，民众自然是虔祭有加。不但民众敬仰，朝廷也给予封爵赐号，让她执青圭、戴珠旒；到处宫殿巍峨，公侯来拜。妈祖信仰不但走出莆田、越出福建，更走向全国。神妃不惟安澜息浪，海上护航，更能帮助官军剿寇立功。她虽然没有麻姑撒米、西王母种桃被东方朔偷摘之类的有趣神话，但她实实在在给百姓带来了福祉。风调雨顺，五谷丰登，民众敲起社鼓、演起社戏，酬谢这位平民女神。可叹的是孔子以后，文人采风的传统不再，家乡博学者如蔡君谟（襄）、郑渔仲（樵）竟然也没有搜集妈祖的故事。西晋文学家束皙曾作《诗经》补亡篇，那么，我

刘克庄雕像

也效法前贤来补咏灵妃的事迹。吾莆荔台叟翁兊先生曾主修绍熙《莆阳志》，只是同样记述未周。他山之石，可以攻玉，我已年老笔拙，难有能力改变大势，但还是要尽力而为。

三、代祀湄洲天妃庙次直沽作

元·张翥[zhù]

晓日三叉口，连樯集万艘。

普天均雨露，大海静波涛。

入庙灵风肃，焚香瑞气高。

使臣三奠毕，喜气满宫袍。

作者简介

张翥（1287－1368），字仲举，号蜕庵，山西晋宁（今临汾）人。早岁居杭州，元至正初年以隐逸荐为国子助教，官至翰林学士，加河南行省平章政事。有《蜕庵集》等。

简析

元至正九年（1349），作者与直省舍人（官职）彰实奉诏历祀南北重要天妃庙十多座，始于直沽（天津），止于福建漳州。本诗是作者赴湄洲祖庙代皇帝祭祀妈祖，途中停留天津天妃宫时所作。"三叉口"是天津天妃宫所在地。诗中写当时直沽港船舶众多，海运发达，因有妈祖护佑，风平浪静。作者到宫中恭行三献大礼以后，不禁觉得身上的官服也沾满了吉祥的喜气。

四、御制弘仁普济天妃宫诗

明·永乐皇帝

湄洲神人濯[zhuó]厥灵，朝游玄圃暮蓬瀛。

扶危济弱俾[bǐ]屯亨，呼之即应祷即聆。

上帝有命司沧溟[míng]，驱役百怪降魔精。

囊括风雨电雷霆，时其发泄执其衡。

洪涛巨浪帖[tiē]不惊，凌空若履平地行。

雕题卉服皆天氓，梯航万国悉来庭。

神庇佑之功溥弘，阴翊默卫何昭明！

寝宫奕奕高以闳[hóng]，报祀蠲[juān]洁腾苾馨。

明永乐皇帝诗（局部）

神之来兮珮玲珑，驾飚车兮旖[yǐ]霓旌。

云为宸[yǐ]兮雾为屏，灵缤缤兮倏[shū]而升。

视下土兮福苍生，民安乐兮神攸宁。

海波不兴天下平，于千万世扬休声。

作者简介

永乐皇帝（1360－1424），即朱棣，明太祖朱元璋第四子，原封燕王，建文四年（1402）以兵陷南京，夺帝位，改年号为永乐，在位22年，庙号成祖。

简析

本诗附于《御制弘仁普济天妃宫之碑》文后，作于永乐十四年（1416）四月初六日。碑石今存南京静海寺。诗中写湄洲神人天妃，威灵显赫，她潇洒往来于昆仑山顶玄圃和蓬莱瀛洲等神仙居所。但她不是一位自我逍遥、无所事事的闲仙，而是一位"扶危济弱"，管理海洋的女神。她忠于职守，民众需要时，"呼之即应祷即聆"，灵验异常。她能伏怪降魔，驱遣风雨雷电，平定洪涛巨浪，行空如履平地。那些未开化民族和远方的国家纷纷从海上来中华交流学习，其护航之功广大而昭著。因此人民要建高耸宏大的宫殿供奉她，要用清洁芳香的祭品荐祭她。当女神驾临时，玉佩玲珑清脆；仙车御风而行时，缀有五色羽毛的旗子轻柔飘扬；女神以云为帘以雾为屏，灵圣多化，倏忽飞升。她时时在关注民间，赐福苍生，只有百姓安乐了她才心神宁定。女神保佑海波不兴，天下太平，因此能千秋万世播扬着美好的名声。本诗不但描写妈祖的神功灵应，而且赞颂其庇护万民，赐福苍生，赢得万世崇仰的品格。诗中想象瑰奇，情味隽[juàn]永，句句押韵，节奏紧凑，和谐而流畅。

五、泊庙岛

明·（朝鲜）吴天坡

春波如练好风迟，处处移帆近古祠。

向夜悄然人语静，船头香火礼天妃。

作者简介

吴天坡（1592—1634），号肃羽，高丽海州人，李朝进士，官至庆尚监司黄海监司，有《天坡集》。

简析

本诗题下有注云"有天妃娘娘庙，过海船必祈风于此。""庙岛"即沙门岛，今属山东长岛。明代朝鲜从海路来华使臣，都要在庙岛候风，等待合适风信再起航回国。作者于天启四年（1624）七月出使中国，次年归国途中在沙门岛待风时作此诗。诗中述这年春季，赖以扬帆的好风迟迟没有来临，许多船只都移靠到天妃宫来。夜晚风平浪静，船工和使臣都在船上默默地向妈祖祈祷，希望早日给他们带来归国的好风。"船头香火礼天妃"诗句说明当时朝鲜使船上也是普遍供奉妈祖神像的。

六、惠济祠

清·乾隆皇帝

瑞气扶舆凤阁峨，金堤千载镇洪河。

黄流清汇安澜庆，楚舫吴艘利涉歌。

百越乡宁拘地远，六宗功著济人多。

彩舟稳渡慈颜豫，神贶[kuàng]欣叨默护呵。

作者简介

乾隆皇帝（1711-1799），即爱新觉罗·弘历，清朝入关后的第四任皇帝。雍正十三年（1735）继承帝位，改年号乾隆。在位60年，庙号高宗。

简析

本诗又题作《惠济寺》，作于乾隆二十二年（1757）二月乾隆皇帝第二次南巡，诗碑今存惠济祠内。诗中有原注："相传天妃为闽越人也。"可见所咏为妈祖。惠济祠位于今江苏淮阴码头镇北1公里处，也称"铁鼓祠"，俗称"奶奶庙"，奉祀天妃。始建于明正德三年（1508），嘉靖初赐额"惠济"，清雍正二年（1724）重修。乾隆十六年（1751），乾隆皇帝南巡，建行宫于祠左，仿内府坛庙修葺，并题"惠济祠"额。祠所在的古清口是黄河、淮河、运河、洪泽湖交汇之地，为黄淮枢要、漕运锁钥、盐运要冲。旧时每届岁朝和农历四月初七妈祖庙会，各地谒祠烧香者络绎不绝。本诗写春日瑞气升腾，祠阁巍峨，使人感受到稳固的巨堤护卫大河所带来的一派祥和气氛。按：康熙间有铁铸"九牛二虎一只鸡"以镇洪泽湖大堤说法。惠济祠位于清黄交汇之处，赖有天后的护佑，波澜不兴，往来的楚船吴舰平安地航行。"利涉"语出《易经·需卦》的"利涉大川"，意思是宜于远航。南方百越之地更需宁静的环境，虔祀六宗之神，必能济民多福。按："六宗"神汉代以来有多种说法，以天、地、春、夏、秋、冬六神之说比较切题。作者看着彩船平稳航行，仿佛慈悲的天后也露出了高兴的笑颜。最后祈愿天妃妈祖永远赐福人间，默默护佑着万民。

七、上海竹枝词

清·刘梦音

天后宫中玉步摇，瓣香密密叩琼霄。

愿郎心似江头水，日月如期两度潮。

作者简介

刘梦音，字春洲，近代湖南湘乡人，寓居上海。有《上海洋场竹枝词》《江沪杂咏》。

简析

本诗作者自注："天后极灵验，仕女多进香者。"诗中描写上海天后宫年轻妇女的进香祈祷实况。这些打扮入时步姿优雅的贵妇仕女，她们在默默地向天祷告：希望自己的心上人永不变心，就像沪江的潮汐，每天准时地两次涨落而不会失信。这里妈祖仿佛又成了婚姻和爱情的保护神。

八、赛天妃

清·徐孚远

季春下浣水南头，纷纷钲鼓赛湄洲。

天妃降真在此地，相传灵迹无时休。

作者简介

徐孚远（1599—1665），字闇公，江苏松江华亭人。明崇祯十五年（1642）举人，与陈子龙、夏允彝[yí]结几社，砥砺名节。松江破，航海入闽，后随郑成功渡台，老死于台湾。有《钓璜堂存稿》。

简析

此诗可能是1652—1653年作者在湄洲迎南明鲁王监国时所作。所咏为莆田湄洲天妃宫庙会活动。妈祖诞辰时为"季春下浣"（三月下旬），虽然时局动荡，但僻于海中的湄洲岛却是锣鼓喧鸣，迎神赛会。这里是天妃的降生之地，妈祖的灵验神迹代代相传，从未间断。

九、天妃尊新建开光偈

清·释心越

神功普覆大千界，圣德昭彰四海春。

点出双眸光灿烂，威蒙福利泽斯民。

作者简介

释心越（1639—1695），号东皋[gāo]，俗姓蒋，名兴俦[chóu]，浙江金华府浦江县人。8岁出家于苏州报恩寺，为曹洞宗寿昌派35代传人。清康熙十五年（1676）应日本长崎兴福寺之邀，东渡日本住持兴福寺。有《东皋琴谱》，后人编有《旅日高僧东皋心越诗文集》。

简析

日本寺院有供奉妈祖习俗。此偈[jì]作于日本元禄三年（1690），其时禅师把西湖永福寺祭祀的天妃尊奉来，将分灵安置于祝町及矶原两地，本诗是为天妃尊像点眼时所作的诗偈。偈语赞颂妈祖神功和圣德，祈祷双眼点开后的妈祖，能威灵显现，灵光灿烂，福泽众生。

十、台湾竹枝词（选一首）

清·郁永河

肩披鬒[zhěn]发耳垂珰，粉面朱唇似女郎。

马祖宫前锣鼓闹，侏[zhū]离唱出下南腔。

作者简介

郁永河，字沧浪，浙江武林（今仁和）人，诸生，客居福州。清康熙三十六年（1697）因参与采硫磺至台湾，居留半年，著《裨海纪游》《采硫日记》《土番竹枝词》等。

简析

据作者原注说，本诗写的是赤嵌城附近的天妃庙，当地人称为妈祖宫，当时宫前正由船户出资演剧以酬愿。台上的演员实际都是男的，但瞧那男旦垂髫[tiáo]穿耳，傅粉施朱，俨然窈窕女郎，十分逼真。虽然锣鼓阵阵，气氛喧闹，只可惜唱得是闽南腔戏曲，十分难懂，让郁氏这个外来官员一句也没听懂，甚至把"妈祖"也记成了"马祖"。

十一、津门百咏（选一首）

清·崔旭

飞翻海上著朱衣，天后加封古所稀。

六百年来垂庙飨[xiǎng]，海津元代祀天妃。

作者简介

崔旭（1767—1846），字晓村，号念堂，天津庆云（今属山东）人，曾寓津门。清嘉庆五年（1800）举人，任山西蒲县知县。有《念堂诗草》《津门百咏》等。

简析

《津门百咏》组诗100首作于清道光四年（1824）。作者原序云："道光四年，安砚津门。自应童子试，初从父兄游此地；及赴春秋两闱，往来经过四十余年。城郭、人物多存旧观；而逐日增新亦复不少。宾馆多暇，辄[zhé]撮所闻见作为韵语。事不厌烦，语不厌俚，区区微尚，亦是寓焉。"本诗记述妈祖能乘席渡海，穿朱衣飞翔海上，救苦救难，得到历代帝王褒封之多，为"古所稀"，即历史罕见。作者追溯妈祖信仰传到天津已逾六百春秋，最早的海津镇天妃宫早在元代就已建立，可见天津妈祖信仰历史之悠久。

十二、台湾北港朝天宫题壁诗

清·庄俊元

宋代坤灵播，湄洲圣迹彰。

至今沧海上，无处不馨香。

清庄俊元诗

作者简介

庄俊元（1803－1879），字克明，号印潭，又号四休子，福建泉州人，清道光十六年（1836）恩科进士，入翰林，留京学满文，授编修。后任甘肃西宁府尹兼道尹。擅书法，尝寓台湾，留下不少墨迹。

简析

本诗作于清咸丰二年（1852），今也移刻于湄洲祖庙山碑林。全诗20字，言简意赅，指出妈祖信仰肇始于宋代的湄洲，妈祖圣迹昭彰，屡屡显灵于大洋沧海，自宋至今，她的声名远播，她的香火无处不在。

十三、应制作顺安汛竹枝词（选一首）

清·（越南）绥理王

天妃祠畔白沙墩，天妃祠外海城门。

无恙布帆千里客，香花先为赛鸡豚。

作者简介

绥理王（1820－1897），名绵贞，号苇野，越南明命皇帝的第十一子。嗣德初年（1848）任宗人府右掌事。成泰初年（1889）为辅政亲臣。有《苇野诗集》。

简析

本诗是绥理王所作《顺安汛竹枝词》十首之一。顺安汛在越南中部的顺化。说明其地当时建有天妃祠。首两句指出天妃祠所处的位置：祠旁是白沙墩，祠外就是海城门。那些远航千里的估客，为祈求风帆顺利人员无恙，向天妃祠敬奉的虽只是香烛鲜花，但心香一瓣，赛过丰盛的鸡猪肉食供品。

十四、台湾竹枝词（选一首）

清·梁启超

郎摏大鼓妾打锣，稽首天西妈祖婆。

今生够受相思苦，乞取他生无折磨。

作者简介

梁启超（1873－1929），字卓如，号任公，别署饮冰子、饮冰室主人等。广东新会人。一生致力于社会变革和西学的宣传，为传播西方资产阶级政治、哲学、历史、法学、教育作出巨大贡献。他还领导了近代诗界革命、文界革命、小说界革命和戏剧改良。有《饮冰室合集》。

简析

《台湾竹枝词》组诗10首是作者于1911年春，应林献堂之邀，自日本横滨渡台考察时所作。本诗描述妈祖庙会时情人们摏鼓打锣，乞求妈祖保佑他们来生不要再受相思折磨之苦，反映了青年们对爱情婚姻幸福生活的渴望，同时也反映了妈祖不但是护航之神，还是情人心目中的爱情保护神。

十五、澳门竹枝词（选一首）

民国·汪兆镛[yōng]

二月二日土神庙，三月廿三娘妈祠。

箫鼓鸣春灯照夜，风光浑已忘居夷。

作者简介

汪兆镛（1861－1939），字伯序，号憬吾，晚号慵叟、觉公、微尚居士等，清光绪十五年（1889）举人，汪精卫（兆铭）为其同父异母弟弟。汪氏祖籍山阴。其父至广东为幕僚，入籍番禺，为著名诗人、书画收藏家。

简析

《澳门竹枝词》40首为作者1911年到澳门避难参访澳门宗教和文化古迹后所作。本诗描写澳门居民于农历二月初二日在沙梨头永福古社庆祝土地神诞和三月廿三日在妈祖阁庆祝娘妈诞活动，仪典隆重。庆诞之夜演戏酬神，箫鼓齐鸣，灯火通宵，洋溢着中华传统习俗氛围，此情此景似乎让人忘记了这片土地早已沦于异国殖民者的统治。"夷"这里指葡萄牙殖民者。

十六、湄洲祖庙赞

林恭祖

瞻望湄洲岛，恩波百丈深。

鱼龙竞朝圣，结伴听潮音。

作者简介

林恭祖（1927－），号思谦，祖籍福建仙游。1948年赴台湾求学，为台湾大学文学士、美国世界艺术文化学院荣誉文学博士，台湾故宫博物院简任编纂，台北乾坤诗刊名誉社长暨中华诗学季刊社社长等。有《友竹居诗稿》等。

台胞林恭祖诗

简析

本诗为作者2002年9月回大陆参加湄洲妈祖文化旅游节开幕式及湄洲祖庙天后新殿落成庆典时所作。诗中以鱼龙朝圣、结伴听潮音，表达了对妈祖的崇敬和对莆田胜景"湄屿潮音"的向往之情。

第二节　词作选录

一、诉衷情·莆中酌献白湖灵惠妃

宋·赵师侠

威灵千古护封圻。十万户归依。白湖宫殿云耸，香火尽虔祈。

倾寿酒，诵声诗。谅遥知。民康物阜，雨润风滋，功与天齐。

作者简介

赵师侠，一名师使，字介之，号坦庵，宋太祖次子燕王德昭的七世孙，江西新淦（今新干县）人。宋淳熙二年（1175）进士。工填词，有《坦庵词》。

简析

南宋绍熙三年（1192）作者游莆田时写下八首词，这是其中一首。词咏宋代兴化军白湖妈祖庙（在今莆田荔城区阔口村）信仰盛况。赞颂妈祖威灵护佑着疆土，得到了万家的奉拜。白湖庙宇宏丽壮观，酹酒颂诗，香火旺盛。其时风调雨顺，人民生活安定，妈祖之功，堪比天高。

二、忆江南·津门小令（选一首）

清·樊[fán]彬

津门好，皇会暮春天。

十里笙歌喧报赛，千家罗绮斗鲜妍。

河泊进香船。

作者简介

樊彬（1796—1881），字质夫，号文卿，天津人。出身秀才，充国史馆誊录，曾任冀州训导、蕲[qí]水县丞，远安、建始等县代理知县。有《津门小令》《问青阁诗集》等。

简析

本词是《津门小令》组词中的一首，作于清道光末年。写的是天津的妈祖庙会。据说天津天妃庙妈祖极灵应，三月的庙会名"皇会"。当时数百里外的信众都来进香，进香船泊满了港湾。皇会举行隆重的祭祀游神和开展商贸活动，笙歌绵延十里，而参观庙会的仕女穿戴光鲜，简直就是一场"千家罗绮斗鲜妍"的服装比赛。

三、生查子·蓬莱拜天妃庙

郑寿岩

千里叙乡情，情似涛归海。昔在岛之湄，今晤蓬莱界。

海靖舳舻安，海晏吕岩泰。薄海颂天妃，我亦随风拜。

作者简介

郑寿岩（1922—），字霍溪，号昭父，福建福州人，1944年厦门大学毕业，福建省文史研究馆馆员，逸仙学校副校长。有《寿岩词选》等。

简析

本词记述作者在千里之外的山东蓬莱拜谒故乡女神妈祖的亲切心情。因蓬莱岛还建有吕祖殿，祀八仙之一的吕岩（洞宾），且有吕岩"寿"字碑，所以称"海晏吕岩泰"。

四、浣溪沙·题天后宫

范　曾

薄海天街来妙津，帆悬宝筏骇波驯，香烟法相总清醇。

送子迢遥来碧落，拈花恍惚有微颦[pín]，寒冬过尽即熙春。

作者简介

范曾（1938—），字十翼，号抱冲斋主，江苏南通人。当代著名书画家、诗人。有《范曾书画集》《范曾诗稿》等。

简析

本词咏天津天后宫。天津是个滨海城市，因妈祖能护佑商航，所以香火更加旺盛。而天津天后宫更有供奉送子娘娘的独特习俗，久而久之逐渐形成其独有的"拴娃娃"习俗。妈祖总给人以温馨，哪怕一时不如意，但应坚信，寒冬过尽，就将会是和熙的暖春。

第三节　对联集粹

一、北京宣武区福建会馆天后宫联

清·陈若霖

灵应在瞬息之间，洋洋焉，远无不届；

惠泽遍海天以外，荡荡乎，民莫能名。

作者简介

陈若霖（1759－1832），字宗觐［jìn］，号望坡，福建闽县（今福州市）螺洲人。清乾隆五十二年（1787）进士。历任山东、广东、湖北、四川等地按察使，云南、广东、浙江、河南等地巡抚以及湖广、四川总督，工部尚书兼顺天府尹事，官终刑部尚书。

简析

本联题北京福建会馆天后宫。上联赞颂妈祖灵应异常，她在茫茫大海上，护航拯危，几乎"无远不届"，瞬息来临；她的惠泽，又岂止是在海上，她简直就是万能的女神，恩德无边无际，所以，人民几乎是无法用语言来形容和述说。

二、福建莆田涂氏家庙天后宫联

清·涂庆澜

女中复见皇娲[wā]圣，

海内重修神禹[yǔ]功。

作者简介

涂庆澜（1839－1912），字海屏、海坪，号耐庵、莆阳逸叟，福建莆田人，清同治十三年（1874）进士，翰林院编修，曾任贵州、顺天等乡试主考。有《荔隐山房全集》《莆阳诗辑》等。

简析

本联据作者自序说是清光绪十四年（1888）"族人又于祖乡创盖大宗祠"时所题。后来成为天下天后宫的通用联之一。上联把妈祖比为上古能炼五色石"补天"的女娲，这是用来夸赞妈祖的无私胸怀和大无畏精神的；下联则把妈祖功绩比为上古有治理洪水大功的大禹，借以赞颂妈祖的仁德爱民和艰苦奋斗的精神。

三、天津天后宫联

清·郑瑞麒

补天娲神，行地母神，大哉乾，至哉坤，千古两般神女；

治水禹圣，济川后圣，河之清，海之晏，九州一样圣功。

作者简介

郑瑞麒（约1790－？），字仁圃，福建闽县（今福州）人，嘉

庆二十四年（1819）进士，官内阁中书，直军机，后历任江西九江知
府，广饶九南道兼九江关监督，庆远知府、道员。

简析

前人对这副对联评价极高。清代对联专家梁章钜认为是"精心结
撰，思与神通"之作。的确本联用典贴切而不生涩，词句简短精练，读
来琅琅上口，因此成为天下天后宫通用名联之一。联中指出上古补天
的女娲，功在天；而显灵济世的妈祖则是功在地，虽然"乾坤"天地
不同，但她们都是值得歌颂的两位神女。下联指出上古治水的大禹可
称"禹圣"，而水上护航的妈祖则可称"后圣"，他们的功绩都能使天
下"河清海晏"，太平安康，因此他们对于人民的圣功也是一样的。

四、上海揭普丰会馆天后宫联

清·周子元

以母坤仪天下，与佛家观世音，同具慈悲法力；

自宋朝迄昭代，合皇舆大一统，共钦神圣威灵。

作者简介

周子元（1856－1922），名易，字子元，号芷沅，自署味菘
[sōng]园主、二思楼主，以字行。广东揭阳人。光绪十二年（1886）
拔贡，官至郁林州知州。辛亥革命后任首任揭阳县民政长（县长）。
有《味菘园诗钞》《周子元太守楹联集》等。

简析

该会馆天后宫在上海里马路（今黄浦区中山南路），清道光二

年（1822）由广东揭阳、普宁、丰顺三县商人从潮州八邑会馆中分出成立会所，光绪十二年（1886）迁建，上世纪90年代中期拆除。上联赞颂妈祖母仪天下，和广受民众崇拜的观世音，具有相同的慈悲和法力；下联阐述妈祖自宋代以来，护佑国家一统，使朝野对她的神圣威灵无不钦敬崇仰。

五、重庆市江津县真武场天上宫联

清·锺云舫[fǎng]

崇封溯宋元以始，

钟灵在闽蜀之间。

作者简介

锺云舫（1847－1911），一作耘舫，又名祖芬，自号铮铮居士，四川江津县人，先世为福建武平客家人。同治六年（1867）诸生。光绪二十八年（1902）与举人张泰阶等上告江津知县武文源而遭拘押。擅长撰写对联。有《振振堂集》等。

简析

本联题刻于山门，配有横额"天开福运"。重庆江津天上宫，为福建闽西客家移民所建，又称"福建会馆"。本联告诉人们妈祖受到朝廷褒封自宋元时代就已经开始了，闽省和巴蜀都是钟灵毓秀宝地。作者要说明的是：但凡妈祖威灵传播之区，就会是灵秀之气钟聚之地。

六、福建莆田湄洲妈祖祖庙联

清·乾隆皇帝

忠信涉波涛，周历玉洲瑶岛；

神明昭日月，指挥水伯天吴。

作者简介

乾隆皇帝，生平简介参见前面《惠济祠》诗。

简析

这副对联是乾隆五十三年（1788）御赐给湄洲妈祖祖庙的。原对联也赐予苏州三山会馆天后宫。

上联的"忠信涉波涛"用的是孔子故事。一次，孔子从卫国返回鲁国，见到一处瀑布高达二十多丈，湍急的旋涡达八九十里，连鱼鳖都无法在此逗留。可是这时却有一个男子要准备渡过去。孔子看到，赶紧派人去制止。可是那男子毫不在乎，于是渡过河去。当他从水中

湄洲祖庙乾隆联句

钻出来后，孔子十分惊奇，就问他有什么"道术"。那男子说："始吾之入也，先以忠信；及吾之出也，又从以忠信；忠信措吾躯于波流，而吾不敢以用私，所以能入而复出者，以此也。"意思是说他入水之前、入水后到出来，全凭忠信之心，没有一点杂念，才完成这惊险动作。孔子听后，对弟子说："二三子识之，水且犹可以忠信诚身亲之，而况于人乎！"意思是说，水都可以凭忠信之心而用身躯去亲近它，何况是人呢！"忠信涉波涛"成为后代不惧艰难险阻的典故。联中的"周历"即周游，"玉洲瑶岛"均指海外仙山。上联意指女神妈祖，凭着忠信之心，不畏艰险，故能周游天地之间，拯溺救难。

下联的"水伯天吴"，代指各种魔法无边的水怪。全句意指妈祖神功，昭映日月，其法力无边，连水伯天吴这样的猛神都被降服并听从她的指挥调遣。

这副对联对妈祖的忠信精神、非凡神功都作了充分的肯定，因为是皇帝所赐，且联句典雅雄丽，因此成为一副天下妈祖宫庙竞相复制的经典对联。

七、江苏太仓刘家港天后宫联

清·林则徐

八百年寰[huán]海昭灵，溯湄屿飞升，九牧宗风荣庙祀；

　四万顷具区分派，喜娄江新浚，三吴水利沐神庥[xiū]。

作者简介

林则徐（1785－1850），字元抚，一字少穆，福建福州人。清嘉庆十六年（1811）进士，道光十八年（1838）受命钦差大臣到广东禁烟，次年受诬革职，充军伊犁。道光二十九（1849）年奉调赴广西途中病逝。有《云左山房诗钞》等。

简析

本联是林则徐于道光十二年（1832）夏秋间督浚江苏太仓县刘河（今浏河），小憩刘河镇天后宫时所题。上联述妈祖自宋代在湄洲屿羽化升天已八百多年，她能于寰海处处显灵救难，是莆田九牧林家的好裔孙，她的嘉名使林氏家庙增荣增光。因为林则徐也是莆田九牧林的后裔，所以联中以能与林默（妈祖）同宗为荣之情溢于言表。下联的"具区"就是太湖，"娄江"就是浏河。联语述说四万顷宽广的太湖，分支众多，浏河是其中之一，如今得到疏浚，造福百姓，加上天后宫的修建，使这江苏东南部地区，得到天后的神力庇荫，人民生活将更加安康幸福。这副对联既表达了作者对祖姑妈祖的钦敬心曲，也表达了他平生关心水利事业的真诚情怀。

八、江苏淮阴天妃庙联

清·李渔

世间无水不朝宗，岂止黄河一派；

天上有妃能降福，何愁碧浪千层。

作者简介

李渔（1611—1680），原名仙侣，字谪凡，号天徒，中年改名李渔，字笠鸿，号笠翁。浙江兰溪人，清代戏曲理论家、戏剧作家。有《笠翁一家言全集》等。

简析

本联作于康熙七年（1668），为作者经过淮阴天妃闸上的天妃庙时所题。上联以黄河东流引出世间江河都向东流议论，暗喻人民都信仰无私无畏的神灵。而妈祖作为天上之妃，她能消灾降福，她能使航运之人心理有所凭依，不惧千重恶浪，妈祖就是无私无畏的圣神。

九、安徽宿松小孤山小姑庙联

清·左宗棠

天后是大士分身，只分前后降世；

法像应小姑同体，不同迟早飞来。

作者简介

左宗棠（1812－1885），字季高，一字朴存，号湘上农人。湖南湘阴人。清道光十二年（1832）中举。以征剿太平军功升浙江巡抚，督办军务。官至闽浙总督，为晚清军政重臣，湘军统帅之一，洋务派重要首领。有《左文襄公全集》。

简析

宿松小孤山有启秀寺，宋代主祀小姑娘娘。小姑传说是一位纯情美丽的少女，她与彭郎相爱，但终难成眷属，于是投江殉情，死后化作秀资超然的小孤山，又名小姑山。山顶梳妆亭，传为小姑梳妆处。元代开始，民间以小姑为天妃，两者混合。实际上，妈祖故事中，也传说她是观音大士的化身，虽然降世一前一后，但都是寻声救苦的女神。上联写的就是该传说。下联指天后娘娘和小姑娘娘在这里是两位一体，她们来此地一先一后，但都是人民敬仰的女神，因此人民也不论她们的"迟早飞来"，都把她们作为两位一体的膜拜对象。

十、福建福州马江船政局天后宫联

清·沈葆桢

地控制瓯吴，看大江东去滔滔，与诸君涤虑洗心，有如此水；

神起家孝友，贯万古元精耿耿，望后世立身行道，无愧斯人。

作者简介

沈葆桢（1820－1879），字翰宇，又字幼丹，福建侯官（今福州）人，林则徐女婿，道光二十七年（1847）进士，历任江西巡抚、船政大臣、两江总督、南洋大臣等军政要职，谥文肃。有《沈文肃公牍》等。

简析

本联上联以描述福州地控江浙，衬托出马尾港所处地位的重要；登临天后宫，看滔滔马江水向东流，不禁有荡涤[dí]心襟之感。下联追溯妈祖救父拯兄孝友故事，称赞其精气耿耿，贯彻天地，因此希望来此参拜的信众，要以妈祖这种立身行道作为榜样，才无愧妈祖教化之功。

十一、福建福州螺洲天后宫联

清·陈宝琛

潮汐接湄洲,风马送迎江峡月;

帆樯弥建水,神灯下上庙门松。

作者简介

陈宝琛(1848－1935),字伯潜,号弢庵,福建闽县(今福州市)人。同治七年(1868)进士,翰林院编修。宣统元年(1909)奉召入京,历官内阁学士兼礼部侍郎以及经筵讲官、资政院议员、山西巡抚等。为宣统帝溥仪师傅。有《沧趣楼诗文集》《沧趣楼联语》等。

简析

本联描写作者家乡的福州螺洲天后宫。上联写景中含叙事,说的是螺洲的潮汐与湄洲相连,江风迎送,江月升落,两地相应,表达对湄洲祖庙的钦敬之情。下联述螺洲迎送着从闽江上游建水下来的无数航船,那庙门松上每夜都有妈祖导航的神灯,指引着往来船只。下联赞颂的是妈祖的神功。

十二、福建莆田市文峰宫联

清·林炳麟

阃中再毓娲皇圣,

海内如歌大禹歌。

作者简介

林炳麟(1752－?),字纯履,号敦泉,福建莆田人,清乾隆四十六

湄洲妈祖祖庙牌坊林炳麟联句

年（1781）进士，乾隆五十九年（1794）任江西南安府上犹知县。

简析

本联题于莆田文峰宫，今亦书刻于湄洲祖庙新建的南大门坊柱上。联中把妈祖功绩比为上古炼石补天的女神女娲、治水的圣人大禹，评价甚高。毓，指孕育。歆，指欣喜。

十三、福建泉州鲤城天后宫联

清·张维屏

大海茫茫，到无岸无边，观于天，天高在上；

飘风发发，正可危可惧，徯[xī]我后，后来其苏。

作者简介

张维屏（1780－1859），字子树，号南山，又号松心子，晚年自署珠海老渔、唱霞渔者，广东番禺人，道光二年（1822）进士。在湖北、江西任州县地方官，署理南康知府。有《张南山全集》。

简析

上联描述茫茫大海，无边无际，对于航海者，他们只能上观昊天，然而老天高高在上，无助于人。大海上经常刮来迅猛的暴风，这时是航海者最为危急和可怕的关头，这时他们能做的就是呼唤妈祖，等到妈祖来了，一切就会得到救助。"徯我后，后来其苏"句本来是《尚书》中的话，"徯"，等待；"后"，君王；"苏"是复苏、复活。原意是：等待着我王，我王来了我们就有救了。把这句现成古语，化用在这里，贴切而巧妙。因此，后代亦成为天下天后宫通用名联之一。

十四、广东广州天后宫联

清·梁启超

向四海显神通，千秋不朽；

历数朝受封典，万古流芳。

作者简介

梁启超，生平见前面诗选注释。

简析

本联是近代名人梁启超参拜天后圣母时所撰，用语通俗，联句盛赞妈祖显灵四海，从而得到历朝帝王的褒封。该联后来成为天下天后宫通用名联之一。

山海关海神庙妈祖殿梁启超联句

十五、云南昆明天后宫联

清·杨鹤书

三十年宦海平安，旦夕焚香，惟求利济；

一万里慈云庇荫，间关行役，重许瞻依。

作者简介

杨鹤书，字飞泉，福建瓯宁县（今建瓯市）人，清嘉庆十九年（1814）进士，官云南师宗知县、桂林郡丞，道光二十年（1840）升杭州知府。

简析

本联题昆明滇池畔的天后宫。杨曾任云南师宗知县。后来由浙江赴云南经办铜差，重谒天后宫后题此联。上联写自己虔信妈祖，早晚焚香祭拜，故在外为官30年能平安顺利；下联叙此次赴云南办差，道途坎坷，再谒妈祖神像，一定会得到妈祖慈云的继续庇佑。

十六、日本长崎崇福寺妈祖堂联

明·释即非

扬帆登宝所，

慈爱见婆心。

作者简介

即非（1616—1671），法名如一，俗姓林，名应凤，福建福清人，出家于东门寺，后受法于福清黄檗[bò]寺高僧隐元禅师。顺治十三年（1656）东渡日本长崎黄檗寺助法，开创日本小仓广寿山福聚寺。擅书画诗联。有《福清县志续略》《即非老子经》等。

简析

本联原是即非《妈祖》诗偈中的两句，即："懿德天堪配，洪恩海共深。扬帆登宝所，慈爱见婆心。"后人摘录为对联。联中使用的多为佛教用语，但不生涩。联语赞扬妈祖以慈航度人登上自由快乐境界；她的神迹显示出伟大的慈爱婆心。本联写妈祖但颇富禅味。

十七、新加坡星洲天妃庙联

民国·邱炜萲[xuān]

神之在天，犹水之在地；

民之归后，如子之归亲。

作者简介

邱炜菱（1874－1941），又名蔚萱，号菽[shū]园。出生于福建漳州海澄县，幼年随父母居新加坡。15岁回国参加童子试，中秀才；光绪二十二年（1896）中解元。后在新加坡创办《天南新报》，鼓吹变法维新，为新加坡早期知名的办报人和杰出文化名人。有《菽园赘[zhuì]谈》《啸虹生诗钞》等。

简析

本联实即新加坡天福宫联。联语说妈祖神灵在天，但却如地上之水，救苦济困，无处不在，因此信众归依妈祖，亦如子女之归依母亲般亲切。联语平白而含义深刻。

十八、台湾台北大稻埕慈圣宫联

清·陈维英

慈者所以使众，众称慈母；

圣不可知谓神，神助圣朝。

作者简介

陈维英（1811－1869），字硕芝，又字实之，号迂谷。台湾淡水大隆（今台北市大同区）人。咸丰九年（1859）中举，派任福建闽侯县学教谕。任满，纳捐为内阁中书。致仕后回到淡水，掌教于仰山、学海两大书院。有《太古巢联集》《偷闲集》等。

简析

本联作于同治五年（1866），乃是一副"慈圣"宫名冠顶联。对联写妈祖慈心济众，才有慈母之称；她的圣迹玄妙难识，但神助朝廷统一台湾之功却昭然可睹。

十九、台湾台南市大天后宫联

清·程祖洛

寰中慈母女中圣，

海上福星天上神。

作者简介

程祖洛（？—1848），字问源，号梓庭，安徽歙[shè]县人，清嘉庆四年（1799）进士，历官刑部主事、郎中、内阁学士、按察使、布政使、巡抚等，道光十二年（1832）晋升闽浙总督，赴台湾平息张

清程祖洛题台南大天后宫联

丙、陈办事件和改革军队编制，增强防守。卒谥简敬。

简析

本联作于道光十三年（1833）。联语赞颂妈祖亦人亦神，她既是人间慈母、女中圣人，又是海上救星、天上尊神，对联表达了对妈祖的无限崇敬之情。

二十、广州南沙天后宫联

赵朴初

大海作慈航，为示现天后身而说法；

众生行善业，必能得福德神之降祥。

作者简介

赵朴初（1907－2000），安徽太湖人。著名社会活动家、佛教领袖、诗人、书法家。历任中国书协副主席、中国佛教协会会长、中国红十字会名誉会长、全国政协副主席等。有《滴水集》《片石集》等。

简析

南沙天后宫前身为明代南沙鹿颈村天妃庙，清乾隆间重修后名"元君古庙"，后毁。1994年由著名实业家霍英东倡议并捐资重建，1996年落成。本联题于牌坊，与作者所题坊额相配。作者为佛教界领袖，所以题联用语也多佛教名词。妈祖信仰是一种精神力量，就像能度人脱离苦海的慈航。佛经中称佛菩萨应众生的机缘而化现种种身相为"示现"，而天后也和佛菩萨一样，为了开示教化众生，能及时示

南沙天后宫赵朴初题联

现神力，现身说法。妈祖信仰是一种导人向善的信仰，它引导众生做
善事、行善业，人人都献出一份爱，我们的社会就会更加美好，这不
就是"得福德神之降祥"吗？赵朴初的对联写得既富于宗教色彩，又
寓有深刻的教化意义。

延伸阅读

碑记经训文赋选读

一、碑记

圣墩祖庙重建顺济庙记

（宋）廖鹏飞

里有社，通天下祀之，闽人尤崇。恢闳祠宇，严饰貌像，岿然南面，取肖王侯。夫岂过为僭越以示美观？盖神有德于民，有功于国，蒙被爵号，非无以彰其威灵也。郡城东宁海之傍（旁），山川环秀，为一方胜景，而圣墩祠在焉。墩上之神，有尊而严者曰王，有哲（暂）而少者曰郎，不知始自何代；独为女神人壮者尤灵，世传通天神女也，姓林氏，湄洲屿人。初，以巫祝为事，能预知人祸福；既没，众为立庙于本屿。圣墩去屿几百里，元祐丙寅岁，墩上常有光气夜现，乡人莫知为何祥。有渔者就视，乃枯槎，置其家，翌日自还故处。当夕编（遍）梦墩傍（旁）之民曰："我湄洲神女，其枯槎实所凭，宜馆我于墩上。"父老异之，因为立庙，号曰圣墩。岁水旱则祷之，疠疫崇（祟）降则祷之，海寇盘互（亘）则祷之，其应如响。故商舶尤借以指南，得吉卜而济，虽怒涛汹涌，舟亦无恙。宁江人洪伯通，尝泛舟以行，中途遇风，舟几覆没。伯通号呼祝之，言未脱口而风息。既还其家，高大其像，则筑一灵于旧庙西以妥之。宣和壬寅岁也，越明年癸卯，给事中路公允迪使高丽，道东海，值风浪震荡，舳舻相冲者八，而覆溺者七，独公所乘舟，有女神登樯竿，为旋舞（舞）状，俄获安济。因诘于众，时同事者保义郎李振，素奉圣墩之神，具道其详。还奏诸朝，诏以"顺济"为庙额。

於戏！女郎庙之灵，古虽有之，不过巫山为云，洛浦凌波；曹娥抱尸浮江，帝女衔木填海。犹立石当时，血食千载，要其德被于民，功及于国，蔑如也。今神居其邦，功德显在人耳目，而祠宫褊迫，画像彤暗，人心安在乎？承信郎李富，居常好善，首建其义，捐钱七万，移前而后，增卑而戒（高），功于中秋，逾年月告毕。正殿中（峙），修廊翼（翼），严祀有堂，齐（斋）庖有庐，（磨）砻割削之工，苍黄赭垩之饰，凡斯庙之器用，殆无遗功。李侯以鹏飞久游门下，遂命记之，义不容辞。

切（窃）闻射的山有仙人遗箭一只，郑巨君尝采薪得之，少顷，有人就觅，巨君知其神，还之。因请曰："每患若耶溪载薪为难，愿旦南风、暮北风之。"其人惟化为白鹤飞去。后果如其请，乡民德之，立祠朝鹤于射的山南。（今）宁海常获旦南暮北之使（便），而无还箭之功，故李侯因鼎新轮奂，以答神之麻尔。或曰："旧尊圣墩者居中，哲（暂）而少者居左，神女则西偏也。新庙或迁于正殿中，右者左之，左者右之，牲醴乞灵于祠下者，宁不少疑？"鹏飞曰："神女生于湄洲，至显灵迹，实自此墩始；其后赐额，载诸祀典，亦自此墩始，安于正殿，宜矣！昔泰伯庙在苏台西，延陵季子像设东面，识者以为乖典礼，遂命改之。鹏飞谓李侯之作是庙，不惟答神麻，亦以正序位云。"于是乐书其事，继以《迎》《送》二章，使乡人歌而祀之：

　　　　神之来兮何方？戴玄冠兮出淋（琳）房。

　　　　玉鸾佩兮云锦裳，俨若存兮爇幽香。

　　　　鼓坎坎兮罗杯觞，奠桂酿兮与椒浆。

　　　　岁岁祀兮民乐康，居正位兮福无疆。

　　——右《迎神》

　　　　神之往兮何所？飘葳蕤兮步容与。

　　　　礼终献兮彻其俎，鹤驾骧兮云斩（旆）举。

　　　　灵恍惚兮非一处，江之墩兮湄之屿。

　　　　旗摇摇兮睇莫睹，稽首送兮拜而俯。

　　——右《送神》

宋绍兴二十年庚午正月十一日，特奏名进士廖鹏飞谨记。

简析

　　录自清抄《白塘李氏宗谱》忠部重刻本，重刻本有个别误漏文字，用括号标示正字和漏字。原碑已佚。本记作于绍兴二十年（1150）正月，是迄今所见有关妈祖身世及信仰起源的最早记载。文内首提妈祖姓林，莆田湄洲屿人，并详载圣墩立庙及路允迪出使高丽得妈祖救护的故事。此文被誉为第一篇妈祖文献，在妈祖信仰史上的崇高地位无可替代。原题下注"载《圣妃灵著录》"。按古书为右起竖行排版，故文末的"右《迎神》""右《送神》"之"右"，是指"右边诗句"之意，不可误解为人站在右边。按圣墩位于莆田木兰溪出海口的宁海（今属莆田市涵江区白塘镇地界），宋代有宁海镇，故

《宋会要》称圣墩庙为"宁海镇顺济神女庙"。明初，庙随镇废，圣墩具体遗址迄未确考。而靠近宁海北面的白塘，原为一片海湾沼泽，北宋治平初木兰陂建成后渐潴积为淡水湖泊。廖鹏飞，宋兴化军仙游人，绍兴十二年(1142)特奏名进士，官授右迪功郎。

二、天上圣母经

清·李开章 序

家庭克孝国称忠，救世扶危立大功。

自古男儿多入圣，几人修到女豪雄。

——复初道人题

炼得金刚不坏身，宜求大道出凡尘。

诸君学我修真法，便是尼山孔圣人。

——净土寺乩笔时圣母题

序

唐代临济宗系，传南岳法者，道一禅师，姓马名祖，当代既得法成道矣。邢州净土寺，万松行秀禅师曰，宋代圣母，唐代之马祖降生，唐代之马祖，即宋代圣母之前身也。所以世人称圣母，名曰马祖，如此由也。近今俗写马字，左傍添一女字。此妈字，《康熙字典》："莫补切，音姥，俗读若马平声。称母曰妈。"又俗曰："妈祖是祖母二字，祖母即婆字，敬称妈祖婆是也。"此经，吾先祖向邢州净土寺传来，天保辛卯贰年，吾先祖携带此经渡台，至今秘藏九十年间，从来世人尊敬圣母，仅知其灵验，不知其道德功能。今吾不敢再秘，叼蒙内务省，著作权登录，严禁转载，印刷发行之后，使世人皆知圣母道德功能，亦可为后世希贤希圣者之模范。吾愿仁人君子，朝夕虔诚焚香念诵，灵验最速，所求如意，不可思议功德，岂啻消灾降福巳哉。

大正庚申岁次，时于仲秋，斐成堂编辑部内，李开章序

凡例

一、此经之来历，当日在净土寺，诸名僧恭请圣母英灵临寺，降乩出来，以显圣迹。

一、此经首段，写出圣母成道经历，表明三教精华。第二段至第五段，写出忠孝廉节，四先哲实事。第六段写出善恶分明查察，令人惊觉。尾二段，圣经灵验，圣母真言，无限救世慈悲。

一、此经全篇文法，一气贯串，辞雅典博，虽有平仄不调，事迹人名所限，识者谅之。

一、此经全表圣贤仙佛，庐山真面目，断无丝毫妆饰。圣母叮咛，字字金针，言言宝筏。宜珍之重之，不可亵慢。

著者　识

诵经法

诵经法，必先知。

浴身体，净心思。

用茶饭，勿牲牺。

焚香拜，重礼仪。

焚香咒，宝诰词。

各三遍，先诵之。

诵圣经，亦此时。

虔诵毕，神自随。

焚香咒（念诵三遍）

神由心通，心赖香传。

香热玉炉，烟达九天。

诚心礼拜。请圣临轩。

天上圣母宝诰（念诵三遍）

志心皈命礼

圣德参天，国家忠孝无双女。

母恩配地，闽省功名第一人。

通贤灵体，默静仙真。

传古圣之道统，学先祖之慈仁。

救苦救难，爱国爱民。

大慈大悲，至节至贞。

勑封天上圣母，玉封天后尊神。

天上圣母经（念诵一遍）

忆宋代，建隆时。兴国兆，可先知。

祯祥现，见著龟。圣人出，亦可知。

现麟瑞，生孔子。产圣母，宝光辉。

追古代，想今兹。文圣人，有孔子。

武圣人，有关羽。女圣人，默娘儿。

林家女，湄洲居。父母善，祖先慈。

积家善，庆有余。生圣母，出凡姿。

生弥月，不闻啼。名默娘，众称异。

幼读书，万事知。能作文，能作诗。

孝父母，守伦规。传圣道，遇真师。

授真诀，指灵机。三教书，共一理。

上论篇，一贯之。华严经，守三昧。

道德经，藏妙义。悟真篇，参同契。

黄庭经，为凭据。如来藏，极乐地。

回斗柄，转生机。玄关窍，当宝贝。

无缝塔，收神炁。偃月炉，真火炊。

朱砂鼎，烹灵芝。存心法，穷性理。

尽性后，立命基。三宝足，一气归。

四大假，还大虚。六四卦，结灵体。

得此法，上天梯。出阳神，亦颇奇。

救世法，出乡里。海陆难，我扶持。

能驱蛟，能唤雨。常救急，常扶危。

降魔法，振神威。收二将，在北西。

二将名，是何谁？千里眼，顺风耳。

辅圣母，多救济。民同胞，物同与。

湄港鱼，禁网围。恩泽大，物皆知。

祝寿诞，物知礼。鱼聚会，参拜仪。

功满足，行成期。通贤女，人称奇。

廿九岁，丹熟时。纯阳体，法身飞。

早成道，似颜子。上帝诏，不敢违。

登湄峰，到瑶池。金童迎，玉女随。

见王母，蟠桃会。登金阙，拜玉帝。

玉帝封，天后位。人爵荣，天爵贵。

至宣化，赐厚惠。立庙宇，号顺济。

人钦仰，恭奉祀。至清帝，有康熙。

琅南征。舰近湄。遇暴风，舰队危。

琅祈祷。我扶持。助战胜，凯旋归。

琅奏上，帝欢喜。御笔写，作救语。

称忠孝，称仁慈。封圣母，在此时。

想光阴，似走驹。劝妇女，并男儿。

欲学我，勿延迟。肯回头，到岸堤。

圣母经，勤读之。口而诵，心而惟。

始终一，志莫移。圣仙佛，任君为。

遵吾教，听吾辞。一等人，忠烈士。

曰成仁，曰取义。天日星，河岳地。

人浩然，三才气。忠烈人，流芳史。

背涅痕，宋岳飞；文天祥，书带词。

吞逆贼，巡嚼齿。留碧血，勿洗衣。

头可断，将军志。骂断舌，颜烈气。

吞胡羯，击楫誓。笏击贼，头破碎。

出师表，苏牧羝。庄公简，董狐史。

正气歌，敏裙诗。义血书，绝命词。

躬尽瘁，不畏死。擎天柱，立地维。

鬼神敬，纲常持。凛烈气，万古垂。

求忠臣，宜孝子。克孝人，可枚举。

追历山，冰求鲤。蚊饱血，尝粪奇。

搤虎救，痛啮指。卖身葬，涤溺器。

乳姑勤，泉跃鲤。哭生笋，金赐巨。

葡萄奉，瓜果随。七年粟，掘西篱。

取生鱼，截竹遗。远望云，近彩戏。

先尝药，远负米。泣杖悲，受箠喜。

扇枕勤，容烹鸡。弃官寻，刻木事。

遗绿橘，顺单衣。鹿乳奉，拾椹事。

行佣供，闻雷泪。分羹贤，问膳帝。

古圣贤，皆孝子。尊天经，立地义。

成懿德，全秉彝。讲孝道，说廉士。

握雪心，怀冰志。鹤俸清，鱼飧似。

怀清洁，隆勉子。汉杨震，畏四知。

范宣坚，百绢辞。慎怀廉，传三世。

饮投钱，项洁己。宋太守，越石窥。

不义财，稷母弃。廉财色，武美誉。

大清廉，独伯夷。世俗人，争求利。

不贪婪，古今稀。廉美德，当效之。

廉说尽，讲节义。劝妇女，宜先知。

三从训，四德备。夫君在，宜顺义。

夫殁后，守节志。古烈女，说汝知：

曹令女，节毁耳。廖伯妻，洁断指。

梁寡妇，烈割鼻。范慎女，亦如是。

赵高妻，涂面秽。韩玖英，同此辈。

相登妻，截髪誓。玄龄妻，剔目示。

秋胡妻，却金戏。贞义者，刎颈毙。

却宝带，全忠义。萦上书，救父计。

卢孝妇，冒刃卫。陈孝妇，竭力事。

不嫌疾，由凤缔。剪皮金，香字示。

封夫人，投井逝。徐饮血，李断臂。

粉书扇，叹息意。乌鹊篇，伤心句。

黄鹄歌，陶婴义。号礼宗，不再配。

号贞姜，约不违。束髪封，贾直妻。

坠崖卒，陈仲妻。愿守墓，楚贞姬。

席草业，营生资。怀清台，巴妇居。

清风岭，贞妇祠。望夫石，古迹遗。

成竹斑，崩城悲。咏柏舟，节誓辞。

托井水，志无移。磨笄山，孤燕诗。

烈女篇，事不虚。今妇女，能效之。

称菩萨，称贤儒。我同伴，到华胥。

上帝封，号仙妃。忠孝廉，并节义。

诸先哲，为人师。圣仙佛，从此为。

善恶篇，亦须知。天眼昭，日月辉。

三台星，北斗魁。头上列，不远离。

有灶神，有三尸。别善恶，录是非。

奏天曹，褒贬施。善者昌，恶者危。

报应法，如影随。来祈祷，多敬礼。

我命将，暗察窥。千里眼，顺风耳。

速查探，详悉归。为善事，我欢喜。

为恶事，难保汝。或现报，或延迟。

十八狱，放过谁。劝诸君，勤学之。

阴骘文，指南机。感应篇，正法规。

讲善事，说仁理。两宝典，必读之。

万恶孽，首淫痴。百善行，孝为先。

速修善，改前非。福可得，祸可移。

降祯祥，生好儿。家昌盛，神助尔。

圣母经，最灵威。救众生，发慈悲。

逢飓母，舟船危。念此经，风自微。

多疾病，身体虚。念此经，易疗医。

瘟疫盛，传染时。念此经，疫自离。

末劫年，多险岖。念此经，保安居。

久旱魃，禾枯死。念此经，降大雨。

妇人孕，难产时。念此经，易生儿。

妖魔祟，人被迷。念此经，祟走移。

洪水害，暴风雨。念此经，风雨止。

拜北斗，延命期。念此经，寿期颐。

人无子，来求嗣。念此经，产贤儿。

命运凶，多是非。念此经，讼狱离。

诸地狱，血污池。念此经，天堂居。

超九祖，度魑魅。念此经，出轮回。

消灾害，保乡里。念此经，福自归。

功德大，难思议。灵验多，难尽辞。

布甘露，施法雨。真言篇，同诵之。

至乾隆，净土寺。大禅师，诸贤士。

乩笔术，诸法备。显圣迹，扬名誉。

遗一经，传万世。

天上圣母成道真言（念诵三遍）

天恩章

稽首礼穹苍，高明覆十方。

无穷生万物。风雨露三光。

大慈悲，救苦难。

唵，唎哪唎，啰吽哆。蠡嘛娑婆诃。

地德章

稽首礼坤元，博厚载无边。

山河承永固，无泄亦无倾。

大慈悲，救苦难。

唵，吗唎哆，都堵啰，窟㝏娑婆诃。

成圣章

稽首礼真师，全我还大虚。

上乘开觉路，黄婆育婴儿。

大慈悲，救苦难。

首，阿利也，苏唎哆，陀密娑婆诃。

体道章

稽首礼法王，阴阳一气藏。

黍珠悬米大，照彻八千场。

大慈悲，救苦难。

唵，丞窑陀，苏唎哆，菩提娑婆诃。

真言论

真言者，在儒教曰"真言"，在道教曰"神咒"，在释教曰"陀罗尼"。其功德最大，灵应最速，宜尊之重之，不可轻视。

礼仪

每年三月二十三日，圣母圣诞之期，善男信女，宜洁净衣冠。恭祝：圣寿无疆。虔念圣经，奉献珍菓香帛。若平日念诵，前记诵经法载明，但念者要正容严肃，身体端坐，振起精神，诵毕，宜三跪九叩首。

《天上圣母经》终

字韵

默：音墨。窍：音扣。炁：音气。偓：音烟上声。烺：音浪。驹：音拘。懿：音壹。彝：音儒。窥：音魁。婪：音岚。剔：音惕。却：音卻。刎：音吻。萦：于营切，音英。刃：音忍去声。贾：音古。崖：宜佳切，音睚。胥：音西。鸷：音执。惧：音惧。魁：音跋。矞：其律切，音橘。魁：音里。崇：音碎。颐：音移。乩：音居。唵：音晻。唎：音刹。哪：音那。唎：音利。啰：音罗。吽：音阴。哆：音侈。质：音质。嘛：音麻。吗：音马。堵：音社。窑：音盘。弖：音以。杲：音高。

说明

《天上圣母经》是台湾流传最广的一种妈祖经书，为上世纪20年代以来台澎金马地区妈祖经典经书。据《中港慈裕宫志》第七篇《中港慈裕宫之经典》收录该经介绍："此经系出诸邢州净土寺，苗栗县铜锣乡（三座厝五四号）人李开章之祖先，于天保辛卯二年携带渡台，秘藏九十年间，李开章于民国十年（1921）一月廿五日印发，赠送本宫，嗣后再流传全台各妈祖宫。"是则台湾苗栗县中港慈裕宫为传播该经书之最早宫庙。

关于本书的作者和来历。慈裕宫的简介依据的是李开章印本之《序》，该序落款为："民国（原作"大正"）庚申（1920年）岁次时于仲秋，斐成堂编辑部李开章序"。序言中说："此经，吾先祖向邢州净土寺传来，天保辛卯二年，吾先祖携带此经渡台，至今秘藏九十年间，从来世人尊敬圣母，仅知其灵验，不知其道德功能。今吾不敢再秘，叨蒙内务省，著作权登录，严禁转载，印刷发行之后，使世人皆知圣母道德功能，亦可为后世希贤希圣者之模范。吾愿仁人君子，朝夕虔诚焚香念诵，灵验最速，所求如意，不可思议功德，岂啻消灾降福巳哉。"按李开章序言交代，此经为其先祖于日本天保辛卯二年，即清道光十一年（1831）自大陆携带到台湾，藏于家中已经整整90周年。刊印发行时间为民国十年（1921）一月二十五日。依李开章所言，本书实撰成于大陆，乃邢州净土寺僧扶乩所得，具体著者未详，他只是刊印者。但台湾妈祖信仰研究学者蔡相煇先生则认为本书作

者就是李开章，他是"台湾苗栗人，生前事迹不详……该经文体为
《三字经》体，以每句三个字展开，资料源自《三字经》《正气歌》
《二十四孝》《列女传》等，带有浓厚的儒家色彩。推测，应为日
据时期李开章等人以扶乩方式撰写"。（蔡相辉《民间流传的妈祖
经书》，载：福建省炎黄文化研究会、莆田市人大编《闽台文化研
究》，海峡文艺出版社，2008）又"凡例"第一条云："此经之来
历，当日在净土寺，诸名僧恭请圣母英灵临寺，降乩出来，以显圣
迹。"按："邢州"为隋代行政区名称，宋代改为河北省邢台县，
至清代改称顺德府。邢州净土寺历史上实有其寺，始建于唐代，元
代中兴嵩山少林寺的雪庭福裕之师父万松行秀（1166-1246）就是剃
度出家于邢州净土寺的。该寺于上世纪30年代开始破落，如今已不
复存在。作者为什么要把这部妈祖经书假托为净土寺高僧通过扶乩
所得，可能是想藉以增加经书的神秘性并加以神圣化。"而其印书
动机，则在借神道推广道德教育，兼为台湾的妈祖信仰创造理论基
础"。（蔡相辉，2008）关于该经的作者，目前仍是可以讨论的一个
问题。按：原经在"礼仪"后，尚有"天上圣母略史"一节，因与经
卷无多大关系，略去不录。

李开章，台湾苗栗县铜锣乡人。他除了在日据大正十年(1921)刊
行《天上圣母经》善书外，尚编有《四字杂言》等通俗读本。

三、天后圣母真经说训

清·佚名

圣母曰：吾奉天帝敕命，统理河海江湖。海若、冯夷、河伯，听吾号令；神龙、天吴、罔[wǎng]象，由吾指挥。蛟螭[chī]不敢肆其毒，鲸鳄无以逞其能。分水官之职，司报应之权。与湘君而并辔[pèi]，共宓[fú]妃而齐驱。佐国除凶，寻声救苦。常切救民之念，屡承锡命之光。每当清晏之期，俯察尘寰之世。善寥寥而莫觏[gòu]，恶比比而皆然。

嗟乎！降祥降殃，《大易》之训不爽；惠迪从逆，《尚书》之诲昭明。胡乃贪目前之近利，昧后日之祸灾。瞬息百年，同白驹之过隙；昏迷岁月，等覆水之难收。岂知天地之量甚宽，恶无不报，报待满盈；善无不庆，庆待圆成。或祖、父之余殃未尽，或祖、父之余德犹存。勿以高高而不闻，勿以冥冥而坠行。百万神兵，每日巡行于天下；各家司命，每月上奏于天曹。察之以社令，统之以城隍。丝粟无差，分毫不失。胡乃锢蔽之已深，不能觉悟之于早？

于是大开悲悯，明示津途。奉请天条戒律，衍为垂世训言。意则在于指迷，文必求其浅近。若有善男信女，留心敬诵，勉力遵行。吾遣仙官保护，不逢灾难倾危；水陆无虞，舟车顺遂；消罪集福，进禄延年。如或祈求子嗣，吾当代请南斗、文昌。文昌上佐南斗，注生簿籍攸司。自令保母抱送，富贵福寿儿郎。诵时不妨静坐，逐一省察当躬。有恶务期速改，有善加励殷勤。勿作口头念诵，必要勉强修持，久久习若天性，外慕嗜好难移；到处鬼神钦敬，虔请吾自降临。即说训曰：

天网恢恢总莫逃，日月如梭却易过。

速速回头犹可及，迟迟悔恨莫如何？

简析

本文是清代流传于莆仙的《天后圣母真经》第一章中的一段训诰，采用妈祖第一人称写法，更显示出妈祖劝善的真切感。

《说训》中妈祖自谓奉天帝之命，统理江河湖海。那些海若、冯夷、河伯和神龙、天吴、罔象等各种海怪河神，皆归妈祖指挥。妈祖神迹可与湘水女神、洛水宓妃相提并论。但妈祖的神力却似更胜一筹，她不但能护国除凶、寻声救难，还能庇民济困，惩恶扬善。文中引古书为证，《大易》中说"作善降祥，作恶降灾"，完全正确；

妈祖经书训诰

《尚书》中说"惠迪吉，从逆凶"，即顺道吉，反道凶，道理分明。妈祖奉劝世人：贪得一时之利，必招他日之祸。作恶多端者，必有报应；积德行善者，必得酬庆。百年时间，恍如一瞬，时光流逝，就像白驹过隙；昏昏度日，那逝去的时光犹如泼开的水，再也无可挽回。天地有宽宏大量，善恶报应未必立竿见影。行善者未即获好报，可能是祖宗尚存一些余孽；作恶者未立得当世惩罚，可能是祖宗尚存一些余荫。但是，众人要记住：不要以为神明高高在天而不闻世事，也不要以为偷偷摸摸作恶而无人知晓。其实，冥冥之间，每日有百万神兵，都在巡察着天下的子民；还有每家每户的司命专神，每月都要上奏该主德行于天曹。社神负责纠察，城隍负责统领。神明对待所有的子民，都是公平无私，分毫不爽。怎么可以深陷于禁锢与蔽塞，而不知早日觉悟和回头？

　　于是慈悲的妈祖，为了说明前面的那些道理，把这些不可移易的天条和戒律，敷衍成传世的训言。因其用意在于指迷，故文句但求浅显而易懂。如果你是善男信女，就应该用心敬诵，还要努力践行。有了这些行动，妈祖自然会派遣仙官，加以护佑。不会再有凶灾，不会再有苦难，舟车出行，水陆安全。真是消灾集福，福寿延年。如果是祈求养育，妈祖也一定请"主生"的南斗和"主禄"的文昌二星君加以帮助。富贵福禄儿郎，必将降临于你家。敬诵训言，必须静坐，关键还要自我省检，存在恶行的要立即改正，已有善行的则要继续发扬。不要只是口头念经，更要努力提升素质。如此这般长久地习练即成好的品性，切不可在外沾染不良嗜好而难以改正。相信举头三尺有

神明，呼请神灵时妈祖自会降临。所以说，天网恢恢，疏而不漏，日月如梭，去而不返。作恶者回头是岸，否则到头来悔之晚矣

　　妈祖劝善文立足于有神论基础，以因果报应为劝善依据，自然带有时代局限，但它劝人减少贪欲、净化身心，多行善举，注重人际关系和谐，在今天还是很有积极意义的。

四、祭文

圣妃祝文

（宋）真德秀

　　天下之至崄者，莫如海道；而至不仁者，莫如盗贼。以至不仁之徒，而凭至崄之地，其为生灵之害，可胜计哉？某再忝郡符，方将与民相安于无事，而自春徂夏，寇至再焉。前者自北而南，仅能小挫其锋；今复自南而北，倘不大惩艾之，则方来之患，未有穷已。是用纠合熊虎之旅，俾往殄鲸鲵之群。惟圣妃神灵烜赫，凡航海之人，赖以为司命，是用有谒焉。导王师以必胜之机，而挤狂寇于必败之塗，如前日之所祷者，非圣妃其谁望！敢俯伏以请，谨告。

　　简析

　　录自《西山先生真文忠公文集》。真德秀（1178～1235），字景元、景希、希元，号西山，谥文忠，福建浦城人，宋庆元五年（1199）进士，官至户部尚书、参知政事。真氏于嘉定十年（1217）以观文殿修撰知泉州。嘉定十二年调知隆兴府。嘉定十七年召为中书舍人兼侍读，寻擢为礼部侍郎，后落职罢祠返乡。绍定四年（1231）复职与祠。

绍定五年（1232）八月，以徽猷阁待制再知泉州。本文即作于绍定五年至六年再知泉州之时。按绍定间（1228～1233），泉州海寇猖獗。绍定五年（1232），海寇王子清等泊舟晋江围头澳，真德秀遣将王大寿防备。双方猝遇，王射杀海寇10余人，官军获胜。本文乃是向圣妃庙祈求妈祖护佑官军，剪除"狂寇"的一篇祝文。

祭天妃祝文

（元）张仲寿

大元延祐七年岁次庚申（某）月（某）朔（某）日，具官（某）等，敢昭告于天妃之神曰：国家由海道岁再饷于京，解缆之日，必告于神而徼福焉。神之祐助，非一岁矣。夏运卜吉，庸以牲醴，式奉明荐。神以体为念，海不扬波，迅而善达。岂惟计储有赖，神亦无负朝廷尊崇祷祠之意，谨伸虔感。敢告。

简析

录自《畴斋文稿》。作于延祐七年（1320），是元代留下的一篇漕臣致祭天妃的祭文。张仲寿（1252～1324），字希静，号畴斋，晚号自怡叟，浙江钱塘（今杭州）人。初为内臣，后官至翰林学士承旨。工书法，诗文亦均有时名，著有《畴斋文稿》《畴斋二谱》等。

祀天妃文

（明）彭梦祖

惟鄱湖之风浪，天下莫不闻也，而往往有覆舟之厄；惟神之赫赫灵爽，亦天下莫不闻也，而往往拯人于沉沦危迫之时。是以天子每遣使者，册封岛夷，往来大海溟洋之区，惟神是祷，而亦惟神是祐，咸得竣事而归。此神之功，彰彰较著者也。

甲午之春，余守兹土，堤工告成，宜有祠镇之。余曰："请毋他祠，惟神是祠，实以扬澜、左蠡，暨青山、神灵湖一带，上下几百馀里，尤称汹涌，而冀神之有大造于往来舟行者也。一二年间，颇无他虞，不意三月二十七八以后，狂风连日夜不休，而覆沈者无虑数十艘，溺死者亦无虑数百十人。男与妇、与老、与稚，与东西南北何方人，与客死洪涛，家乡未知，遗骸漂泊，暴弃沙泥，阴风苦雨，冤魂悲啼。吁嗟痛哉！尚忍言哉！

余小子恻然，食不下咽，眠不贴席，已捐金命星子县典使吴国宁，遍野瘗埋。间有恶少，乘人之危，抢人之货，各各绳之以法。而犹恐继此，复有是厄也。不诉于神，人力何施？则与道士约曰："每有迅风，急诣神祠，诵《解厄度人品经》。"而余小子，亦匍匐叩首，惟神是祈，伏愿普施元贶，救此颠危，以佐上天好生之德，以慰余小子区区不忍之私，且以彰神之灵感于百千万，而兹祠之香火，亦煊奕永永无既矣！惟神庙貌俨然，格斯鉴斯！

简析

录自清盛元等修《南康府志》，原作《祀天后文》，然明代妈祖称天妃，显然称"天后"为清人所改。志载："天后宫，在南门外，滨湖，明万历四十八年（1620）知府袁懋贞建，国朝道光年间屡被水淹。二十六年，知府丘建猷移建附城堤上。咸丰三年被燬。"可见本文所祭之宫为南康城南之官建天妃宫（清代重建后称天后宫）。彭梦祖，字应寿、号歧阳、生湖，安徽全椒人，明万历八年(1580)进士，授户部主事，累迁浙江台绍副使。万历年间曾任江西南康知府，工诗，有《彭应寿集》。本文就是万历甲午年（1594）春月彭在南康知府任上时，因南康星子县扬澜、左蠡以及青山、神灵湖一带，频发洪水，祸害生民，乃发起修堤，完工后，又倡议建天妃庙，供奉水神天妃以"镇之"。按妈祖在宋代就有钱塘助堤的传说。

长山岛天妃祭文

明·（朝鲜）金尚宪

（某）年（某）月（某）日，敬祭于天妃之神。夫以小事大，天地之常经；由阴济阳，鬼神之盛德。是以涂山执玉，寔严后至之诛；睢水扬沙，允藉冥佑之力。惟彼周郎赤壁，与便一日之中；王勃南昌，借势半帆之上。叔世以降，斯迹愈彰。

况我大明，德侔夏后，威增汉家。四海六合，尽入提封；九夷八蛮，罔不通道。岂但臣妾亿兆，尤极敬礼神祇。恭惟尊神，以太阴之元精，主纯阳之大界。显圣久称于历代，膺宠遂隆于昌辰。用坤承乾，理不爽于一致；与天作配，尊无对于百灵。昭兹崇奉之仪，实无远迩之间。

伏念某三韩老臣，一介行李。乘风破浪，素乏奇伟之志；望日就云，祇切朝宗之心。驾扁舟而逶来，阨孤岛而难进。目骇波涛，信逾弱水千里；身无羽翼，真觉蓬山万重。敢具薄礼，冀荐菲诚。倘蒙渊鉴回明，亟需慈恩。庶几令节祝圣，无废君命。某敢不斋心颂祷，稽首归依。修黄陵之妙辞，窃愧文章之笔。耸青丘之群听，永传灵应之符。尚飨！

简析

录自《清阴先生文集》卷九之《朝天录》。金尚宪（1570～1652），字叔度，号清阴、石室山人等，明代朝鲜安东（今属韩国）人，李朝进士，官至大司宪、大司谏。有《清阴先生文集》。明天启六年（1626）金氏担任朝鲜谢恩使，出使北京。按：长山岛位于辽东半岛东南部的黄海北部海面上，属于中国东北地区唯一的海岛县——长海县。它以最东端的海洋岛为中心，西至大连港76海里，东至朝鲜大同江口89海里。长山岛为长海县群岛中最大的一个群岛。本文所祭为长山岛天妃宫之妈祖。作者来华路线起于朝鲜宣州府的宣沙浦，经长山岛（辽宁长海）、庙岛，从蓬莱登陆后去北京。正因为金尚宪是由水路来华在山东登陆，故他与济南籍御史张延登一家还曾结下一段文缘。张曾为金序刻《朝天录》一卷。本文中作者自称"三韩老臣"，因"驾扁舟而逖来，陌孤岛而难进。目骇波涛，信逾弱水千里；身无羽翼，真觉蓬山万重"，故作者"敢具薄礼，冀荐菲诚"，以表"斋心颂祷，稽首归依"之诚意，作者希望在回国途中能继续得到天妃的护佑，归帆一路顺风。

请天妃安享祝文

清·（琉球）程顺则

维康熙（几）年，岁次（干支），（某）月朔，越有（某）日

（干支）。琉球国中山王府（某）官（姓名）等，敢昭告于敕封护国
庇民妙灵昭应弘仁普济天妃曰：

神秉正气，得坤之贞。湄洲诞降，山川钟灵。泽及江海，舟楫
无惊。历膺封典，福国佑民。兹当（迎、接）贡，将次至闽。请享安
位，十日启行。陈词荐酒，来格来歆。尚飨！

（原注：凡祝文，用纸书粘于祝版上，临祭，置于酒注桌上，读
毕，置于案上香炉左，祭毕，揭而焚之。）

简析

录自《指南广义》。本文是琉球贡船靠岸后，请天妃上岸安坐
天妃宫的祝文。程顺则（1663-1734），字宠文，号念庵行一，常自
署"念庵"或"雪堂"，生于琉球那霸久米村，为明初闽人"三十六
姓"程氏后裔，精通汉文，是著名的政治家、文学家、诗人和儒学大
师，与其父程泰祚又都是著名的通事（翻译）。琉球人称他为"名护
亲方"，"名护"是地名，"亲方"是"师傅"的意思，后代更有人
尊他为"琉球圣人"。程顺则先后四次来华，在福州学习生活了十几
年，著有《雪堂燕游草》等诗集。《指南广义》是其另一部重要著
作。据载清康熙二十二年(1683)，安徽人汪楫及莆田人林麟焻等册
封琉球时，册封舟上的中国舵工把一本流传的航海针法书送给琉球
舵工，该书后来转到程顺则手上。在此书基础上，程顺则依据闽人
三十六姓后裔所留传的航海针路，结合历届册封舟、进贡船舵手的实
际操作经验，再广泛参考各种天文气象、地理典籍等文献，编撰成了
《指南广义》。其书在福州刊印后带回琉球。书中不仅详细校明中琉

往返针路，而且详尽记载了有关航海的地理、天文、气象等方面重要资料，成为来华琉球航海人员的必备指南。该书还收录不少有关妈祖信仰的史料，成为妈祖信仰传播琉球的见证。

加封天后神号祭文

（清）嘉庆帝敕撰

维神德冠川灵，功参昊纬。诞英奇于宋代，贞禀坤元；资保障于闽疆，信孚坎习。钦兹神力，翊我皇图。涌澳泉而欢噪三军，渡岛水而捷腾七日。靖逆殄鳄蛟之暴，助顺来鸟鱼之祥。屡佐鸿勋，叠彰伟迹。

皇考高宗纯皇帝，三加懿号，载赉御诗。湄洲展故里之祠，淮甸踵时禋之典。用以答嘉贶，显明威。怀柔之义昭然，佑相之符烁矣。朕睠绥南服，笃念洪庥。报能御能捍之功，俞礼臣疆臣之请。特修馨祀，肆晋崇褒。众人之母曰慈，来苏其后万年，所受者祜，合德于天。饬册使以告虔，冀渊祇之效职。云旗巍展，哨巡迅扫鲸鲵；星炬朗悬，飞渡稳移鹅鹳。至于南海，聪明正直之谓神；康我兆民，享祀妥侑以介福。

於戏！迓飙车于瀛海，荐黄蕉丹荔以隩词；恬波镜于苍流，仁翠羽金枝之来格。懋申丰洁，溥藉灵长。

简析

录自清丁午《城北天后宫志》。本文把褒封诏令与御祭文合为一篇文章，在妈祖祭文中较为独特。按档案等史料记载，嘉庆五年（1800）以赵文楷充册封琉球国王正使，李鼎元为副使。册封礼毕，半年后返闽。因册使上奏海上得天后护佑，嘉庆皇帝乃加封天后"垂慈笃祜"封号，成为"护国庇民妙灵昭应宏仁普济福佑群生诚感咸孚显神赞顺垂慈笃祜天后。"赵文楷亦作有《加封天后"垂慈笃祜"四字命臣文楷于福州致祭礼成恭记》诗纪其事。

五、赋

天妃庙赋

（清）汪之藻

庙在黄淮交汇处，俗人供天妃以镇压河流，中有铁鼓，又名铁鼓祠云。

神祀坤后，器陈铁鼓。取土德以镇压河流，用金声而发扬天府。判南北之形胜，扼黄淮之险阻。尔其庙貌嵯峨，霞光赫奕。波平而蓬岛呈辉，雾散而蜃楼现赤。落虹影于半天，卧苍虬于一席。结香云以瑞霭含虚，隐台阁而翚飞笮翼。至乃雕楹簇起，雪浪排空。贝叶晨翻，俄惊风雨；玉关晓闭，拟窟蛟龙。璚瑶檐前，云气湿而凝碧；珊瑚树底，浪花照而浮红。密砌龙鳞，片片欲飞之碧瓦；遥闻鼍吼，隐隐不尽之疏钟。

尔乃升玉级，倚朱阑。人立九天银汉，身登五色鳌山。旷望无涯，思逸云霄之上；跻攀无地，神驰瀰渺之间。凌浩淼兮，心戚戚；击箜篌兮，泪浠浠。爰瞻琼宇，用跻玉堂。块矗峙之正殿，郁并起之回廊。瞰金铺之玉户，仰文杏之雕梁。镂朱贝之栌栌，饰犀瑁之榱枋。挂鲛绡之锦幔，佩翡翠之瑶珰。供南金之宝鼎，喷辽海之茝香。

极其备物之靡丽，岂诚固国之金汤。

于以遥瞻金相，仰觐芝眉。乍离王母蟠桃之宴，甫别湘妃泪竹之湄。云帔花冠，对波涛之渺渺；绡衣鹤氅，怅烟雾之离离。浴日月而拂菱花之镜，挂星斗而开碧玉之奁。环峙五岳，为晓起梳妆之案；连绵四海，乃晚馀汤沐之池。擘太行王屋之峰，画出蛾眉几点；挹荥波孟潴之泽，转成渌老斜窥。宁仅人间之圣母，是真天帝之后妃。更复采崑邱之金，铸灵鼍之鼓。五更悲壮，鲛人掩口而不敢扬声；万里传音，河伯藏威而莫能示武。从此汤汤方割，仰柔德而效命归诚；即今荡荡怀襄，赖顺道而安闲中矩。是皆情之所钟聚者，道之所取法乎。

休哉！祀地既毕，万宇齐开；山川无恙，福祉自来。慨勤劳之委骨，悲疏凿之捐骸。曾不得半盂之麦饭，一酌之圩杯；而乃构此琼瑶之宇，筑是黄金之台。怅中情之惨淡，逝将去而徘徊。

简析

录自清朱元丰修、吴治恕纂《（乾隆）清河县志》。所咏天妃庙位于今淮安市淮阴区码头镇境内，又名铁鼓祠、奶奶庙，始建于明代。明正德初年，道士袁洞明卜地河浒，建泰山行祠。武宗南巡，驻跸祠下。嘉靖初，章圣皇太后赐黄香白金，并赐额"惠济"。清代即其旧宇，改祀天妃，遂称天妃庙。乾隆十六年（1751），复改称惠济祠。明清时期，因运河经过码头与淮河、黄河交汇，为保证漕运而长期治水，使这里地势如脊，三面环河，闸坝重重。惠济祠居于重岗之上，气势巍峨。汪之藻，清河县人，诸生，著有《止止堂文集》《易经通议》《诗义发挥》，曾于康熙十一年（1672）、三十四年（1695）两度参纂《清河县志》。按：本赋末段各刻本皆有个别文字字迹模糊，所录若有偏差，待后校正。

妈祖阁赋

王　鸿

天下名楼，四者为著：滕王、黄鹤，鹳雀、岳阳。妙构借绝唱添奇，山川因人物增色。或曰舍此无楼矣。然则千载之后，闽中海滨麒山之巅，甫竣妈祖一阁，谒者如云，声播宇内。

岁逢丁亥，节遇重阳。槛菊香而欣怀远，秋光好而思登楼。访胜景于高岬，觐慈容于璇宫。极目阁端，骋怀湾畔。长风万里，潮音时闻。鸥低翔以逐浪，帆高舞以济深。东望浮曦，紫霄腾气；西眺吉蓼[liǎo]，玉带横江。近海观日，犹指抗倭之所；远浦归航，尚传系蓼之舟。感天地之有情，觉造化之无穷。寻迹古港，恍见秋潮卷雪；登舫新渡，遥赏湄屿横波。绿树烟浮，琼楼棋布。桂殿掠龙宫之美，山势尽蓬莱之奇。一水咫尺，可望可即；祠庙互映，本系一家。锦山绣水，非妙手之可绘；圣地祥云，岂天心之独钟。

抚栏畅襟，百感交集。伟哉妈祖，旷古女英。生而不啼，只因世间多悲泪；少有宏愿，但为海上无危樯。窥井得符，始以素行济世；乘席渡海，频于险波救难。挽帆髻以明志，举红灯以照夜。履狂涛而无惧，历九死而不悔。翩翩乎如洛神之渡水，飘飘乎若帝女之御风。竟决意不嫁，寓世凡廿八载。逝后神迹屡昭，慈航常现。香火遍及五洲，恩泽被于四海。郑和使西，盛言护佑之德；施琅平台，极推济师之功。近世战乱，岛陆睽违。枕涛声而分骨肉，望海水而老新妇。启两岸之直航，独有信众；破卌载之坚冰，能无神缘？朝圣湄洲，由兹络绎；和平女神，自此盛传。

嗟[jiē]夫！人之死生亦大哉，然轻重不同，善恶殊异。诞灵妃于海隅，或因神异；尊林女为天后，焉属偶然？观其一生，倏如彗星，而光芒竞天，辉耀千古。精卫微木，欲填沧海之大；默娘弱躯，思济普世之穷。忧天下独忘忧己，惜苍黎常不惜身。其德昭昭，如经天之日月；其善滔滔，若行地之江河。代弥远而功弥著，时愈新而德愈彰。卷帙[zhì]虽繁，难书万一；人寰再广，鲜有可媲[pì]。故曰：至德成圣，至善为神。而今凭海修阁、远播其芳，能不一呼百应、云集景从乎？

而斯阁崔巍，独踞岬[jiǎ]端，飞檐流丹，画栋连云。沐灵光而留圣迹，发馨香而驻精魂。更兼漫山苍翠，遍野芳菲；神安人悦，佳境天成。四方至，两岸欢。叙情缘于膝下，望归帆于云间。玉阶摩肩，不问他乡之客；高阁谒圣，皆怀赤子之心。富贵者登临，当思少欲利生；贫弱者登临，咸念慈怀浩荡；得意者登临，可醒荣辱进退；失路者登临，或能添勇知返。举凡心诚，皆有所获。此阁与海天争色，斯神与日月齐辉。若论山川形胜、文采风流，天下之名楼多矣。倘辩护国庇民、彰善瘅[dàn]恶，则世上惟是阁也。

莆阳王鸿熏沐拜撰。

作者简介

王鸿（1974— ），真名金煌，福建莆田人，哲学研究生，现为福建莆田市委宣传部副部长、文联主席，福建省作协会员。近年创作了不少与妈祖文化有关的文艺作品。

简析

本赋在2007年的"妈祖阁、中华妈祖文化研究院海内外有奖征联（赋）"活动中获特等奖。2008年由中国楹联学会会长孟繁锦隶书书写，香港中国楹联出版社出版。

妈祖阁，由中华妈祖文化交流协会发动社会捐资兴建，位于莆田市湄洲湾北岸经济开发区。赋的开篇点出妈祖阁在莆田麒山建成，将跻身名楼之列。第二部分以写景和介绍妈祖阁周遭景观和追溯历史为主。第三部分着力叙述妈祖生平和赞颂其高尚品德。"翩翩乎如洛神之渡水，飘飘乎若帝女之御风"，两句烘托出妈祖的女神形象。"和平女神，自此盛传"赋予了妈祖的时代新称号。最后两段，以议论为主，说明修建妈祖阁对于弘扬妈祖文化的重大意义。

妈祖阁

　　全文思路清晰，结构严谨，行文自然流畅，叙事、抒情和议论互相结合，用语典雅。在学习化用前人优秀赋文如唐代王勃《滕王阁序》、宋代苏轼《前赤壁赋》等基础上，表现出作者的艺术创新能力。

第六章 CHAPTER 6

文化要义

第六章

文化要义

第六章　文化要义

　　1987年10月27日至31日（农历九月初九至十三日），纪念妈祖"羽化升天"1000周年学术研讨会在福建省莆田市召开，来自北京、上海、广东、福建以及香港的专家、学者100多人参加，会议收到学术论文60多篇。当时在上海师范大学任教的林文金教授向研讨会提交了一篇题为《重视妈祖文化研究》的论文，第一次提出了"妈祖文化"这一概念。与会的专家、学者着重从妈祖文化的内涵和外延两个层面作了初步研讨。

　　2004年10月31日，中华妈祖文化交流协会在福建省莆田市成立。第十届全国政协副主席张克辉担任会长。中华妈祖文化交流协会是国家有关部门批准的首个全国性妈祖文化社会组织，会址设在湄洲妈祖祖庙。中华妈祖文化交流协会的成立，标志着妈祖文化被纳入中华优秀传统文化的范畴。清代以后，由政府正式确认妈祖文化的地位，这还是第一次。

自1987年"妈祖文化"概念提出以来，学术界对妈祖文化的认识和研究逐步深化，总的趋向是扩大了共识，缩小了分歧。

什么是妈祖文化？所谓妈祖文化，是基于妈祖的感人事迹而形成的，以崇奉和颂扬妈祖的立德、行善、大爱精神为核心，以妈祖宫庙为主要活动场所，以有关传说、文献、祭祀、进香、巡安、庙会等为传播途径，具有海洋文化特色的一种民俗文化。

妈祖文化可以从内涵和外延两方面来理解。从妈祖文化的内涵来看，指的是妈祖立德、行善、大爱的高尚情操，其体现了中华民族的传统美德和价值观念。历代政治家、思想家、文学家都很重视妈祖的教化功能，希望妈祖精神成为促进祖国昌盛、民族团结、民生富饶的推动力。从妈祖文化的外延来看，则是指妈祖信仰持续一千多年来形成的，许多值得我们研究和探讨的相关学术文化课题，内容涉及政治、经济、军事、外交、文学、艺术、教育、科技、宗教、民俗、华侨、移民、航海等领域，与海洋文化、宗教文化、地域文化、民俗文化、工艺建筑、文学艺术等诸多文化形态相互交融，是社会文明发展的重要成果。

目前，随着妈祖文化研究的日益深入，学术界又提出了"妈祖学"概念，它是对"妈祖文化"学科化、学理化、时代化的升华。

妈祖文化作为中华民族优秀传统文化的重要组成部分，在当代文化建设中得到了越来越广泛的肯定和重视。本章从精神内涵、文化特征、社会功用、重要意义四个方面来阐述妈祖文化的主要价值、特质、作用和意义。

第一节　精神内涵

一、立　德

"德"通常指的是人们共同生活及行为的准则和规范，品行、品质。所谓"立德"，就是树立德业。妈祖能够以她短暂而又神奇的一生行为，受到广大信众的拥戴和景仰，既得益于她自身高尚的道德追

"德侔厚载"匾额

求，更在于她始终如一的道德实践，她也因此成为千百年来亿万民众的道德楷模。妈祖的高尚品德主要包含以下四个方面：

（一）聪明灵慧

妈祖崇高人格中，有一个基础性的东西，就是她的灵性和慧根。传说妈祖自幼聪明灵慧、勤奋向学，研读道教、佛学经典，悟性很强；还掌握了采药诊病、观天识云、消灾祈福等诸多知识。《台湾林氏族谱》收录的《天上圣母经》中有"幼读书，万事知，能作文，能作诗"之说，说的就是妈祖的聪慧。传说妈祖有一种神奇的本事，就是能预知海上风浪，并能及时做出判断该如何进行营救。今天我们

如果从另外一个角度解读，也可以讲她的天文地理知识非常丰富，一旦大海上有风暴袭来，她能够及时判断出哪一片海域可能有危险发生，应该怎样提前做好防护和救护工作，并依靠它一次次成功进行海上救难活动。

（二）慈悲善良

在中国传统文化中，"慈"也是"爱"的意思；"善"的本义是"吉祥，美好"，后引申为和善、亲善、友好。怀有仁爱之心谓之慈；广行济困之举谓之善，慈善是仁德与善行的统一。慈悲善良是妈祖一切德行的出发点，也是她急公好义，拯危救难的动因。关于妈祖的慈悲善良，有这样一个民间传说，叫"菜屿长青"。菜屿也叫"菜子屿"。相传有一天，林默来到湄洲岛西南面的一个小岛屿，看见一位老婆婆想寻找一种常年开花结果的紫金菜回去熬汤给孙子治眼病。可全岛只有这么一棵，妈祖便帮助老婆婆把菜子撒在地上。不久，菜子就生根发芽，破土而出，很快布满了整个小岛屿。老婆婆采了几棵紫金菜，回到家里给孙子治好眼病。从此，那小屿上长遍了四季常青的紫金菜，湄洲岛一带的渔民都说它是"仙药"，能医治百病。小屿因此被叫做"菜子屿"。还有 "恳请却病"等许多传说故事都表现了妈祖慈悲善良的精神。

（三）孝悌和睦

孝是中华传统道德的根本。在妈祖精神中，孝悌具有重要的地位。台湾出版的"圣母真经"中称颂妈祖"孝父母，守伦规"。"机上救亲"传说中叙述妈祖伏在织布机上拯救遭遇海难的父兄的情节。

当其兄溺海身亡后，妈祖陪着母亲、嫂嫂和几个村民一道驾船寻找兄长的尸体，并终于把兄尸载回。从这则传说中，体现了妈祖对父兄的孝和悌，以及与乡邻的和与睦。妈祖热情接待求药问策者，或主动上门传授保健、气象等知识，她还善于利用行医巫祝等活动来安抚群众的心理，化解乡邻、官民之间的矛盾，共同营造和谐氛围。

（四）勇敢坚毅

民间传说中有许多妈祖战胜恶势力的故事。比如，"降伏二神"说的是妈祖收伏千里眼、顺风耳，并使之为妈祖效力的故事。其他如"伏高里鬼""收伏晏公"等，从表面上看，这些说的都是降妖伏魔的故事，实际上折射的是当时人们借助妈祖传说表达对自然界和现实生活中恶势力的抗争，以及在抗争中体现出的勇敢坚毅的精神。妈祖的勇敢坚毅，在妈祖升天的民间传说中也得到印证。民间传说，宋雍熙四年（987）九月初九这一天，暴雨大作，狂风不止，妈祖奋不顾身在海上抢救遇险船民，因风浪太大，不幸被台风卷去。人们不愿承认林默遇难而认为她已"羽化升天"。这则故事是一种更接近世俗凡间也可能是更接近事实的传说。不管在人间的恶势力面前还是在凶险的自然力面前，妈祖都表现出一种敢于与之抗争的勇敢坚毅精神，而这种精神也是妈祖高尚品德不可或缺的组成部分。

二、行 善

所谓"行善"，就是做善事。行是行为，善是无私，行为的无私就是行善。妈祖一生为黎民百姓谋求福祉，其不为名不图利不求回报的

救灾捐物活动

善行、善举贯穿于她短暂生命的全部历程，感动了千秋万代善良的人们，堪称大善至善的榜样。妈祖的无私善行主要表现在以下三个方面：

（一）以善为本

从"人之初、性本善"到"人之将死，其言也善"，善的观念贯穿了人的一生，更不用说"善有善报""勿以善小而不为"这些人们耳熟能详的警句格言。妈祖生性慈悲善良，以善为立身之本。她从孩提时就帮助邻里乡亲做好事，长大后为人治病疗伤，一心扶危济困，以帮人为己任，以助人为乐事，直至风里浪里抗灾救人，献出宝贵的年轻生命。

（二）劝人从善

行善或善行不完全是个人的事，一个人行善，有再大的愿心，再大的能力，其作用总是有限的。所以，大善的人，除了个人以身作则为人楷模之外，必须把自己的善心向外宣传和扩展，化为他人共同的追求与行动，构筑善的风气与氛围。妈祖的善心、善行后人通过经文等形式，刊行于世，用以规范和教化人们。《天上圣母修善消劫真经》《天上圣母警世真经》等，在劝导社会方面都发挥了润物无声的积极作用。广大信众纷纷学习模仿妈祖的爱心善举，使妈祖的崇善观念得以辐射和弘扬。我们平常在妈祖宫庙和妈祖重大节庆活动中见到的大量"妈祖义工（志工）"，他们身上保留了最纯朴的善心善愿，默默无闻地为他人为社会服务作奉献，那些看起来不起眼的平凡小事，正是构建真诚友爱和谐社会的基石。

（三）惩恶扬善

妈祖之善，是爱憎分明的善。她一方面大慈大悲，见苦就帮，见危就扶，见难就助，见险就救，同时她是非分明，正气凛[lǐn]然，疾恶如仇，对小人、坏人、奸人、恶人是决不姑息的。这方面的例子在妈祖传说故事中，占有重要分量。比如"托梦除奸"故事中提到，明代嘉靖时，大奸臣严嵩权焰熏天，残害忠良，许多正义之士欲联本弹劾，当时莆田人御史林润夜间草拟附本时，有点犹豫，觉得不参加弹劾有负众望，参加弹劾又怕扳不倒，反而遭害。这时妈祖托梦鼓励他尽可参加弹劾，为民除害。后来果然弹劾成功。扬善又惩恶，文明加法制，是和谐社会构建过程中都应倡导的。

三、大　爱

对妈祖精神内涵的概括，仁者见仁，智者见智，目前比较通常的说法是"立德、行善、大爱"。如果从妈祖精神内涵的本质核心角度，可以进一步浓缩提炼为"大爱无疆的精神"，因为妈祖的高尚品德、无私善行，都是从她有一颗对全人类的广博爱心这个本质迸发出来的，这个爱心是洒向人间无疆的大爱之心。"大爱"最能体现妈祖自身的形象，也最符合妈祖在民众心目中的形象。妈祖的大爱无疆，主要体现在以下三个方面：

（一）福佑万民

不论亲人、朋友、乡亲、邻里，还是外乡旁姓，相识与不相识的，妈祖都掏出一颗火热的心无私相助。对于妈祖这种忘我利他的精神，不仅广大信众铭记于心，而且历代朝廷也给予高度赞赏，清朝对妈祖的16次褒封，封号中有12次出现"福祐群生"，就是肯定妈祖的爱心惠及众生。这众生中，是不分男女老幼、贫富贵贱、亲疏远近的，甚至也不分人妖匪兽。对疾病者施以医药，使之康复如初；对贫困者助以钱物，使之安心度日；对贪欲者加以教化，使之醒悟改过；对遇

捐资助儿童机构

险者以神力相救，使之化险为夷；对作恶者以法力收伏，使之弃恶从善。妈祖先后收伏千里眼、顺风耳、嘉应、嘉佑、晏公、高里鬼等，使这些原本属于妖魔鬼怪的丑类洗心革面，最终修成正果，位列妈祖帐下一同享受人间香火，这莫大的殊荣中，凝结着妈祖无私的大爱之心。

（二）泽被四海

在妈祖宫庙的匾额中，有一块最常见的匾额就是"泽施四海"，这是对妈祖大爱精神的高度彰扬。妈祖信仰开始于湄洲，发祥于莆田，她的爱心最初在从小为左邻右舍、邻里乡亲做好事善事中表现出来，得到周围群众的认可和称颂。所以，妈祖"升天"后首先在家乡莆田得到乡亲们的深切缅怀和广泛崇拜。据最新调查统计，在300多万人口的小小莆田市，妈祖宫庙已经多达880多座，这说明妈祖首先是作为地方保护神出现于世。随着岁月的延伸，妈祖信仰从莆田向外传播，妈祖大爱也从莆田向外覆盖。从实证看，几乎每个妈祖宫庙都有自己关于妈祖在当地显灵助人的美丽故事。世上最珍贵的是人心，妈祖泽施四海的大爱精神，自然换取了长盛不衰的四海香火。

（三）惠及千秋

近代著名的历史学家梁启超有副赞颂妈祖的对联"向四海显神通千秋不朽；历数朝受封典万古流芳"。上下短短20个字，精确地指明了领悟妈祖精神的真谛，上联点明妈祖因"向四海显神通"而"千秋不朽"，下联揭示妈祖因"历数朝受封典"而"万古流芳"，联语既表达了妈祖对芸芸众生的关爱情怀，又反映了妈祖对社会历史的深远影响。先后由林尧俞、林兰友、黄起有、林嵋、林麟焻[chàng]、丘人龙、林有胜等诸多名人作序的《天后显圣录》，以纪实体笔法记载了妈祖自宋至清四朝长达七百多年在不同场合特别是海上显圣救难事迹，虽是神话传说，但故事有头有尾，几乎每次显圣之后都是有名有姓的朝廷重臣如路允迪、郑和、万正色、姚启圣、施琅等上奏褒封，并亲自奉旨到妈祖庙祭拜答谢。可见，妈祖的爱心惠及的是千秋万代。

第二节　文化特征

一、平　安

汉语词典中"平安"指的是没有事故，没有危险，平稳安全。如，平安无事，一路平安，平平安安。平安是人们追求幸福的基本心理需要。这种心理需要不仅唤醒人们对平安的思念，还巩固人们追求"平安是福""平安是金"的平安理念，并根植于中华民族传统优秀文化的沃土中。

纵观妈祖信仰形成和发展的过程，我们不难发现，平安性是妈祖文化的基本特征。平安理念贯穿妈祖文化的始终，"同谒妈祖，共享平安""虔心拜妈祖，四季保平安""四海安澜""国泰民安"，是天下信众的共同追求。

妈祖是一位女性神，尽管她终生未嫁，但信众更愿意把她树立成一个年青母亲的形象，身穿象征喜庆的红衣，飘行于无垠的大海，到处去救苦救难，给人们带来吉祥、好运、安全。在人们的心目中，妈祖成为了平安的代表，是他们的平安守护神，承载着信众对平安的期盼和美好祈求。不管是大事小情，不管是面向庙中的妈祖像、船上的妈祖旗、身上的妈祖符，信众总是在潜意识中向妈祖祷告，祈求妈祖保佑出行平安、身体平安、家庭平安、社会平安等等。比如，"恳请却病"传说中，莆田县长官全家都染上重病，妈祖以符咒和九节菖蒲使他们身体痊愈，保佑其家庭平安。"神助漕运"故事中，780艘运粮船从江苏太仓县刘家港出发，在海上突然遭遇大风，波涛震天，数千人船工在风浪中心惊胆战、哀哀呼叫，官吏们急忙向妈祖祈祷。妈祖显灵全力救护，使船队安全到达塘沽，保佑其航行平安。还比如，传说故事中，妈祖先后收伏千里眼、顺风耳、高里鬼、晏公，以及铲除周六四、陈长五等邪恶势力，保佑的是四境平安、社会平安。

施善政而聚民心，聚民心而安天下。构建和谐社会就需要社会稳定，要维护社会稳定就必须施善政、聚民心，创建平安环境，而传承妈祖文化中的平安基因，又是创建平安环境不可或缺的重要方面。

二、和　谐

和谐是中华优秀传统文化的主旋律。从孔子的"和为贵"、墨子的"兼相爱"，以及后来的"大同社会"的理想，和谐的理念清清楚楚。中华文化讲求人与人和睦相处，待人诚恳、宽厚，互相关心、理解，与人为善、推己及人，团结友爱、求同存异，以达到人际关系的和谐。在处理人际关系时，和为贵、和衷共济、和气生财、和而不同等思想为历代先贤所推崇。同样，作为中华优秀传统文化重要组成部分的妈祖文化，和谐性也是其基本特征。

综观妈祖的神话传说，其中有不少降妖魔、平海寇的故事，反映妈祖疾恶如仇、不畏凶暴的刚毅性格，也寓涵着中华民族惩恶扬善、维护社会正义、追求国家安定的文化品格。妈祖故事丝毫没有涉及无故杀戮、殖民侵略的内容，而是突出除暴安良以求社会和谐的人文主题。意味深长的是，在妈祖相关神话传说中，即使原本是危害一方的妖魔，往往被妈祖用智慧收伏，成为造福人类的善神。因此，妈祖文化的基质是和睦、和谐、和平，妈祖文化本质上是一种"和谐文化"。

妈祖文化的和谐特征反映在协调社会关系、维护社会安定稳定的作用中。比如，台湾自清乾隆之后的嘉庆，社会主要矛盾由反清的民族意识转为不同祖籍地的移民之间的族群械斗。为了调和化解族群矛盾，执政者首先想到了妈祖信仰，因为妈祖是台湾唯一的一尊超地域、超阶层的神明，"不论是官方或民间，都公认妈祖信仰可以在调节社会矛盾，促进族群整合上发挥重要作用。"还比如1997年，湄洲妈祖金身巡安台湾期间，60多年来互不往来的旗山天后宫和广济天后宫，两宫董事会因妈祖巡游重新坐到一起，共襄接驾盛事，尽释前嫌。这次巡游，还把台湾不同身份、不同党派的人聚集在一起，各市县的行政长官、议长、军警、民意代表等纷纷加入朝拜行列，争当祭拜仪式的主祭和陪祭。

妈祖文化的和谐特征还反映在中国对外和平交往、对海洋的和平开拓中。妈祖神话传说中有不少庇佑中国使节渡海的故事，反映了当时中国与外国的友好交往；还有显灵救外国海员的故事，反映了中国人建立"大同世界"的和平理念。中国对海洋的和平开拓，集中体现在郑和七下西洋的历史壮举中。郑和七下西洋时，中国国力强盛。郑和率领的远洋船队是当时世界上最大的，船只与人员都是后来哥伦布、达伽马等率领的西方船队的10倍以上，中国船队西出太平洋，横跨印度洋，先后到达东南亚、南亚、东非等30多个国家和地区，时间跨度为28年。如此强大的中国船队在28年的非凡旅程中没有建立一寸殖民地，途中只对海盗和某个企图抢劫的国王使用过武力，可见，郑和远航实际上是一种和平友好外交活动。传说郑和航海中碰到困难或灾难，都得到妈祖的救助而化险为夷。郑和航海是和平之旅，符合妈祖的旨意，也符合妈祖文化的和谐特征。

妈祖文化千百年来之所以能够在人民群众中广泛流传，延续至今，是因为人们在妈祖身上寄托着对和谐的崇尚和追求。正是由于这样，妈祖信仰不但能够在中国漫长的历史发展过程中长盛不衰，而且越传越远，并为不同国度的人们所认同，成为可以超越时空的全人类的共同精神财富。妈祖作为"世界和平女神"的象征，表达的正是世界人民热爱和平的美好愿望。尤其是现代社会，领土争端、资源紧缺、民族矛盾、宗教冲突等等问题，致使当今世界的政治冲突层出不穷，经济纠纷连续不断，它们加剧了人类世界的动荡与矛盾，也给世界上许多国家、民族带来了深重的苦难。在这样的时代背景下，提倡妈祖文化和谐、和平的普世价值，的确具有世界性的意义。

三、包 容

妈祖以大爱为本，对任何人都一律平等、宽容，真正做到"海纳百川，有容乃大"，所以成为最具有广泛性、包容性的女神。包容性是妈祖文化的基本特征。妈祖文化的强大感召力在很大程度上来源于妈祖文化的包容性。因为这种包容，妈祖信仰自宋代至今绵延千年、长盛不衰，妈祖的追随者从莆田的湄洲岛走向世界，人数增至三亿多。妈祖的神格从民间奉祀发展为朝廷褒封的天后，直至无以复加；妈祖也从最初单一的海神演化为万能之神。

妈祖文化的包容性主要表现在它能包容不同神祇、不同宗教、不同文化。

妈祖可以与其他神明共祀。妈祖宫庙奉祀诸神的现象相当普遍，天津天后宫曾同时奉祀121尊不同的神像。同时，儒、道、佛、地方俗神的殿堂中也都不排斥奉祀妈祖。更有甚者将一神二用，在菲律宾吕宋岛有个妈祖天后宫有一尊穿着天主教服饰的女性神像，当地菲人视其为地方守护神，当地华人则视其为妈祖。

妈祖信仰融入了其他宗教信仰的元素。传说妈祖因其母亲梦见观音菩萨，吞服观音菩萨所赐的丹丸而生，这与佛教有关；传说妈祖的巫术是随玄通道长学了玄微秘法而得，这又与道教有关。妈祖宫庙的管理者也是诸教皆有：有僧人主持的，有道士主持的，也有由普通百姓负责的。妈祖宫庙建筑也不经意地结合了佛教寺庙、道观建筑风格。妈祖经谶[chèn]资料中，有佛、道两种《妈祖经》。妈祖造像手法常常具备佛教造型"相好"特征；而妈祖被层层加封，冕旒加冠、玉带霞帔的形象是按儒家后妃之礼塑造；妈祖出游、巡安、道场、演戏酬神、请道士做法等大量的民俗活动则充满了道教色彩。

妈祖精神融儒、释、道中的积极因子于一体。"伏机救亲"的传说体现了儒家的孝悌之德；"擒高里鬼""降伏应佑""收伏晏公"等传说体现了道教的"无量度人"的思想；"焚屋引航""化草救商""菜屿长青""澎湖助战"等护国保民的圣迹是佛教慈悲为怀、救苦救难精神的体现。

妈祖文化与其他文化互动交融密切。大到海洋文化、在地文化、祖地文化，小到井文化、泉文化都与妈祖文化有着千丝万缕的联系。一部妈祖信俗史在很大程度上也是一部中国航海史，妈祖文化成为了东方海洋文化的典型代表。妈祖文化随着海洋舟楫、闽粤移民、林姓族人等传播到了世界各地，与当地文化相结合，妈祖宫庙建筑、妈祖民俗都体现出典型的在地化特征。南方的妈祖宫庙建筑规模大多宏伟，多殿阁、重檐歇山顶；北方的大多较为朴素，硬山顶居多。天津的"拴娃娃"、深圳赤湾的"辞沙"都是与当地文化相结合的产物。闽籍移民漂泊在外难免思念家乡，他们恪守着家乡的礼俗，供奉着从家乡带来的神祇，奉祀妈祖如同面见家乡亲人。这充分体现出祖地化特征。20世纪80年代台湾妈祖信众冲破各种阻力到湄洲妈祖祖庙进香的事实、"妈祖回娘家"这一特殊民俗都是妈祖祖地文化的典型例证。

妈祖文化为什么具有如此强大的包容性？其文化根源在于中华民

族具有包容的民族性格，儒家的"和而不同""海纳百川，有容乃大"等思想影响着妈祖文化；中国传统的泛神信仰也使妈祖信仰的包容性成为必然。其历史根源在于历代统治者为统治多民族国家必须善于利用民间信仰，当他们发现妈祖是官民共仰之神，都采取了对其褒封加冕的态度，这就必须做到包容各地各民族文化。妈祖文化产生于社会需要，又被社会需要推动着走向繁荣，最初人们信仰妈祖是希望求得海上安全，后来发展为助战、求子、祈福等，人们希望她成为万能之神，这就使包容性成为了妈祖文化的基本特征之一。

第三节　社会功用

一、精神激励作用

在人类同大自然和社会恶劣环境进行艰苦斗争的过程中，精神的作用是不可低估的。特别是人们面对各种危难时，出于对妈祖的信仰，都可能从妈祖信仰中获得某种精神上的激励。在险风恶浪汹涌扑来的时候，妈祖信仰以及妈祖精神给了人们战胜灾难的希望、信心和勇气，让他们坚信当他们面临危难的时候，妈祖会来解救他们，于是他们顽强坚持，等待救助，并终于度过难关。认真研究妈祖显灵、妈祖救助航海者的一些传说，我们可以从中发现妈祖信仰的这种精神激励的作用。比如明代的危素在《河东大直沽天妃宫碑记》记载："所

妈祖信仰的精神激励作用

乘舟触山石，几覆，乃亟[jí]呼天妃，俄火发桅杆，若捩[liè]其舵，遂得免。"在这些记述中，我们可以发现从此类海难中获得救助的原因，其实主要是船工在妈祖精神的激励下，坚持了下来，并终于赢得了生机。在危急关头，妈祖精神还具有激发潜能的作用。明万历年间高澄在他的《使琉球录》一文中有一段生动的记载，大意是说：当时船摇荡于暴风雨中，篷破、杆折、舵叶失、舟人号哭、祈于天妃，妃云立即换舵可保平安。在巨浪中舵叶重二三千斤，由于神庇，力量倍增，平素换舵须百人以上，今日船危三数十人举而有余。在巨浪中重达二三千斤的舵叶，在平时须百人以上才能换成，而当时数十人举而有余，这说明在特定的环境中人的潜能在妈祖精神的激励下得到迸发，是妈祖精神帮助他们战胜了困难。

二、心理缓释作用

当人处于狂躁或痛苦的时候，要是无法获得心理的调适和精神压力的缓解，就有可能导致精神的崩溃。因此，一些人从信仰中得到某种精神上的慰藉和心理压力的释放，是无可厚非的。比如，当民众有了一些在现实社会难以排遣、难以解决的烦恼和痛苦的时候，在妈祖像前虔诚地上香，然后默默地祈求和诉说，这种诉说和祈求不失为一种有效的精神解脱。他们寄希望于妈祖，向妈祖诉说着心里的痛苦或自己的希望，祈求得到妈祖的庇护和保佑。正是在这个过程中，他们获得了心理压力的缓释和精神上的解脱，增强了面对生活的信心以及与困难或灾难斗争的勇气，从而可能恢复正常的心理，回归正常的生活轨道。面对紧张的人际关系、复杂的社会现实、快捷的生活节奏，不少人精神压力和心理负担过重，在这种情况下，大多数人无法获得

妈祖信仰的心理缓释作用

心理咨询和心理医疗，而宗教信仰、民间信仰不失为一种选择。我们无须视妈祖信仰的这种心理缓释作用如洪水猛兽，而应当合理发挥它对社会有益的作用。

三、道德教化作用

道德教化具有把人从人的本性状态提升到人性状态的作用。道德教化的功能主要有：淳[chún]化心灵，健全人格；高尚行为，规范操守；净化社会，纯朴风气；牵引舆论，倡导文明；纯洁政治，遏制腐败等。妈祖集真、善、美于一身，历史上历代最高统治者之所以一次又一次对其加以褒封，一个重要的原因就是由于妈祖信仰的道德教化功能。妈祖所体现出来的立德、行善、大爱精神，都是令人景仰值得仿效的道德典范。妈祖精神具有劝善、求真、倡美的社会道德教化

妈祖文化的道德教化作用

功能只要得到充分发挥，就能在社会上产生明荣知耻、倡导高尚的作用。当社会中出现人性浮躁，物欲横流，道德失范，社会失序，诚信缺失等现象的时候，一千多年前妈祖的事迹及精神可以成为我们的一面镜子，引起我们的反思，规范我们的道德。

四、约束惩戒作用

妈祖信仰作为一种民间信仰已逾千年，妈祖的精神已作为一种道德规范和行为准则为妈祖信众广泛接受，在信众心里成为一种自我约束的力量。当信众做了违背妈祖精神的事情时，往往会产生自我谴责心理。这是妈祖精神融入信众心里后所产生的一种自律心理。而作为神的妈祖，尽管她不以生死祸福威慑人，但她毕竟不是善恶不分、正邪不辨的神，她仍然对信众具有神的权威，依然会在冥冥之中对信众产生一种威慑力，让那些心存邪念欲行不善之事的信众产生某种畏惧心理。在妈祖的神威面前，信众担心自己会因为不善不德之举而受到妈祖的惩罚，从而产生一种心理压力，这是一种来自于神的他律。建设法治社会，应当依靠法制的力量去惩恶扬善，也需要依靠民间信仰进行道德约束。

五、促进和谐作用

妈祖精神的一个重要内涵就是妈祖的宽容精神。妈祖信仰和其他民间信仰的一个重要区别在于，它不强调等级观念。妈祖自己是普通人，救助的也多是普通人。在妈祖文化的原始记述里，没有对其他人

宣讲妈祖文化的约束惩戒作用

的过多训导，没有对别人的压迫与控制。她的追求，简单而直接，就是帮助别人、救助别人，而且不惜牺牲自己。妈祖的爱是一种超越等级观念、民族界限、性别差异的广博的爱，是一种无私无求的真诚的爱。即使对于某些陷入错误甚至罪恶泥潭的人，妈祖也采取一种在惩

妈祖文化活动促进社会和谐

戒的基础上劝其向善，让其改邪归正的办法，这在许多其他神明那里是较少有的。正是妈祖精神中这种团结友爱、求同存异、以和为贵的宽容内涵，使得妈祖这尊女性之神，具有了更多的母爱色彩，具有了更多的亲和之力，更有利于发挥调节人际关系，促进人间和谐，建设和平世界的作用。

第四节　重要意义

一、中华民族的文化成果

弘扬妈祖精神，传播妈祖文化，有利于推动中华优秀传统文化的保护与传承。

纵观妈祖文化形成的历史，我们可以清晰地看到，妈祖是慈悲善良的典范，是中华民族传统美德具体表现的化身，妈祖文化是以倡导"立德、行善、大爱"精神为核心，以祈求平安、和谐、包容为文化特征。所以说，妈祖文化融入中华民族传统文化之中，她代表了属于中华民族的核心价值观，凝聚着中华民族传统文化的精髓，是中华民族的文化成果。

目前，世界各地还存有大量与妈祖信仰相关的宫庙、会馆、祠堂、祭祀场所、碑刻、壁画、石雕等实物以及课本、经文、契约、谱牒等民间文书及传世文献。更不可多得的是，还保存着鲜活而丰富多彩的口传文化，如音乐、戏曲、舞蹈、叙事歌谣、游戏、神话、故

妈祖文化研究成果

事、传说、礼仪、民俗、手工艺及祭仪等。这些文化遗产，上可溯至宋元之前，下已流传到当今时代，并涉及社会与文化各个领域，是传承中华文化的重要载体。

2009年9月30日，"妈祖信俗"被联合国列入《人类非物质文化遗产代表名录》，标志着妈祖文化已成为全人类共同的文化遗产。

二、华人华侨的情感寄托

弘扬妈祖精神，传播妈祖文化，有利于凝聚海外华人华侨的积极力量。

妈祖文化是许多海外华人华侨的心灵归依和中华情感的寄托之所。天后宫（庙）是他们朝拜、谢神、集会的中心，祭祀妈祖是他们不忘祖根、思念家乡，维系感情的纽带。更重要的是，妈祖文化已经成了海外华人华侨"民族认同"的精神力量，通过妈祖文化，海外华人华侨表现出了中华民族炎黄子孙特有的凝聚力和向心力。

妈祖文化是许多海外华人华侨表达乡情的精神依托。恋祖爱乡是包括华人华侨在内的华夏子孙永远不变的情结。他们不管走到哪里，都有一股挥之不去的故国乡情萦绕在心，他们身在异国他乡，心里牵挂着祖国亲人，千方百计寻找心理慰藉和精神依托。作为民间信仰的妈祖，在许许多多的神灵中，具有特殊的亲和力，她泽施四海、恩波浩荡，有大海般的胸怀，带给人们平安吉祥。而且，妈祖信仰不是单一性排他性信仰，人们在信妈祖的同时，还可以有别的信仰。正因为如此，华人华侨中最普遍最共同的是信妈祖，因为他们知道，"平安二字值千金"。所以，他们把深深的乡情乡恋寄托在妈祖信仰之中，走到哪里，就把妈祖文化带到哪里，华人聚居地有妈祖宫庙，家里有妈祖神像，船上有妈祖旗，身上有妈祖符，他们同远在家乡的亲人一样，时时刻刻祈求妈祖保佑两地平安。

妈祖是华人华侨的情感寄托

妈祖文化是许多海外华人华侨连接乡谊的精神纽带。菲律宾中华总商会的卢祖荫指出："海外的华人社区有一个共同点，那就是妈祖宫庙和同乡会馆或商会是一体的，妈祖庙不仅是当地华人社区的政治中心及社区中心，也是其精神支柱。"在华人华侨集中的地方，由侨胞建造的妈祖宫庙，大都是中国古典的宫殿式风格，妈祖神像或香火均是从祖籍地迎奉来的。各地的妈祖宫庙自然地成为华人华侨聚会的中心场所。每逢妈祖诞辰日、升天日和中国传统节日，舞龙舞狮、踩高跷、挂红灯、放鞭炮、演社戏、猜谜语、作诗画等活动应有尽有，在华人社会中形成了浓厚的中华传统文化氛围。长久以来，妈祖文化伴随着华人脚步走向世界，在海外广泛传播开来，于是华侨成了妈祖信仰向海外传播的重要媒介。同时，华侨身居异域，心怀故国，时刻思念自己的祖籍之地、桑梓故里。妈祖信仰不仅是一种精神慰藉，而且成了他们对故土思念的象征。

三、两岸交流的精神纽带

弘扬妈祖精神，传播妈祖文化，有利于发挥其连接两岸同胞感情的纽带作用。

妈祖文化是海峡两岸同胞共同的民间信仰文化。在明、清时期，大陆移民捧着妈祖神像，横渡台湾海峡到台湾定居，妈祖信仰由此进入台湾地区，并逐步发展成为台湾岛内能够超越党派、族群、阶层、区域限制的主流民间信仰。台湾现有三千多座妈祖宫庙，信众达1600多万，约占台湾总人口的三分之二。从台湾地区妈祖信仰文化的真实记录情况可以看出，不可分割的妈祖文化是连接两岸同胞感情的

"海峡和平女神"石刻

重要纽带，是促进海峡两岸交流的共同基础。

1987年10月，湄洲祖庙"妈祖千年祭"活动吸引了海峡两岸10万多名妈祖信众。1989年5月，台湾宜兰苏澳南天宫组织240位信众分乘20条渔船护送妈祖神像从海上直航湄洲祖庙谒祖进香，打破了两岸隔绝40年不通航的局面。1997年1月24日至5月5日，湄洲妈祖"金身"巡游台湾102天，接受台湾妈祖信众一千多万人次的朝拜，创下了两岸恢复交流以后，妈祖文化入岛交流时间最长、覆盖区域最广、牵动人数最多的纪录。2006年9月，台湾妈祖联谊会组织50多家妈祖宫庙、4300名妈祖信众与在大陆的2700名台胞一起，汇成7000多人规模盛大的谒祖进香团。2008年10月30日至11月2日，"天下妈祖回娘家"活动举行，来自全球18个国家和地区的300多家妈祖文化机构1000多名妈祖信众，捧着300多尊妈祖神像集中"回娘家"（湄洲妈祖祖庙）谒祖进香，其中包括台湾115家妈祖宫庙的650多位主委、董

妈祖文化是两岸交流的精神纽带

事长、理事长等。2009年2月13日，440名台湾妈祖信众恭送92尊妈祖神像从台湾嘉义布袋港乘坐"合富"轮直航湄洲谒祖朝圣，这是首艘从台湾本岛直航大陆的客轮，开启了两岸海上客运直航的历史新篇。2009年5月22日至31日，中华妈祖文化交流协会张克辉会长，应邀率团赴台开展妈祖文化交流，在台湾岛内引起巨大反响。2011年至2014年，在一年一度的"海峡论坛·莆田妈祖文化活动周"上，分别举办了台湾百家妈祖宫庙湄洲谒祖进香、两岸千家妈祖宫庙大联谊、台湾千尊妈祖湄洲谒祖朝圣、两岸万众齐拜妈祖祭祀大典等重大交流活动……

可见，妈祖文化以其特有的影响力冲破了那些人为的樊篱，发挥了沟通两岸的桥梁和纽带作用。正如台湾学者郑志明所言，"对台湾方面而言，到大陆进行谒祖、进香、迎神的意义，不仅只是一般祖庙情结的文化寻根梦而已，同时也加强了信仰仪式的文化传承"。妈祖文化成为维系两岸血肉亲情的纽带和跨越两岸历史鸿沟的桥梁，在海峡两岸交流中发挥着积极的作用。

四、和平交往的友谊桥梁

弘扬妈祖精神，传播妈祖文化，有利于增进与各国人民之间的和平交往。

经过千百年的传播，妈祖文化以福建莆田为中心，随着中国移民尤其是福建人的足迹，传播到世界各地。可以说，凡是有华人的地方就有妈祖信众。一代又一代的华人华侨，既是妈祖文化的信奉者，也是重要传播者、弘扬者。据不完全统计，目前世界上共有妈祖宫庙一万多座，分布在33个国家和地区，信众三亿多人，形成一个庞大的妈祖文化圈。

和平与发展是当今世界两大主题，多元文化虽然使社会价值观不尽相同，但妈祖的"立德、行善、大爱"精神，则具有普世价值。

妈祖文化是和平交往的桥梁与纽带

西方人信仰的海神是波塞冬，他的面目是"扩张、侵略、狰狞"，而中国海神妈祖则是"慈悲、善良、勇敢"，是东方女神的美好形象，更容易深入人心，为不同国家、不同民族、不同意识形态的人群所共同认同。在以色列的一个天主教堂里供奉着妈祖；法国民族学院谢鲍尔博士在巴黎创建了"真一堂"供奉妈祖，并在堂内设立妈祖史料文物研究中心，称妈祖为"世界和平女神"；加拿大坎伯兰市市长贝茨·弗雷德2006年专程到湄洲祖庙恭请妈祖神像回去……现在，联合国又将"妈祖信俗"列入《人类非物质文化遗产代表名录》，这足以证明，妈祖文化已经成为具有世界影响的文化现象，是属于全人类的共同精神财富、文化遗产，成为各国人民文化交流、和平交往的重要媒介。

五、促进发展的宝贵资源

弘扬妈祖精神，传播妈祖文化，有利于促进当地社会的经济发展。

文化是一个城市的灵魂。经济没有文化软实力的推动也难以维系持久的繁荣与稳定的发展。文化软实力与物质科技硬实力，相互作用，相互依靠，难以分离。两者如车之两轮，鸟之双翼。事实证明，文化软实力对一个城市经济发展具有非常明显的助推作用。妈祖文化是弥足珍贵的文化软实力，是促进各地经济发展的有力助推器。

以妈祖故乡莆田为例。妈祖文化是莆田最具特色优势的人文资源，是莆田发展的宝贵软实力和不可或缺的感召力。许多海内外妈祖信众把妈祖故乡视为精神家园、心灵原乡，认定"妈祖故乡就是他们的根”，并以能前往湄洲祖庙谒祖进香视为毕生之荣。因此，莆田市政府非常注重运用妈祖文化的软实力和感召力招商引资。莆田市政府印制的招商手册封面上，印有妈祖的雕像；在众多项目的可行性报告和建议书上，都提到莆田是妈祖的故乡和妈祖文化的发祥地，可以吸引海内外莆商在更大范围、更高层面、更广领域踊跃参与莆田的经济发展建设。近年来，昔日外出创业的莆商，如今纷纷回乡发展。“文化搭台，经济唱戏”，一年一度的中国·湄洲妈祖文化旅游节，已成为莆田市文化旅游的重要品牌。作为福建旅游名牌的湄洲祖庙朝圣旅游，不但为莆田其他景区带来客流，还刺激了餐饮业、运输业及工艺品市场的发展。“许多台胞先是到湄洲朝拜妈祖，继之到莆田投资兴业。最早到莆田投资的台商都是妈祖的虔诚信徒。”从赴妈祖故乡寻根到在莆田投资兴业，这是许多在莆台商走过的共同之路。

各地也越来越重视通过妈祖文化交流促进当地经济发展，借助

妈祖文化是促进发展的宝贵资源

经济发展带动妈祖文化传播。比如，天津、澳门、山东长岛、江苏南京、广东汕尾、浙江苍南洞头等地都举办过多届妈祖文化（旅游）节，台湾台中大甲每年举办妈祖观光文化节……不但促进了当地经济的发展，也使得妈祖文化历久弥新。

延伸阅读

〉〉〉 历代官方对妈祖信仰的诉求

妈祖真正走上神坛，成为影响广泛的社会公认的神，必须走决定性的一步，就是得到官方的法理认可。中国古代民间的许多神，始终停留在局部地域的部分民众中，难以获得广泛认同，甚至有时还会被官方作为邪教杂神予以取缔，原因就在于他们未能获得官方的承认，缺乏法理的认可。妈祖作为民众托举起来的一尊神，她不仅获得了民众的广泛认同，而且自宋宣和五年（1123）宋朝朝廷褒封后得到了历代官方越来越高调的认可，这在中国民间信仰发展史上是非常奇特的一种现象。历代朝廷之所以以越来越高的规格褒封妈祖，除了认可妈祖作为海神的无以替代的作用及妈祖精神在社会道德倡导方面的楷模作用外，还因为妈祖精神对社会和谐、民族统一、政权稳定及国家巩固等方面有特殊作用。

历代统治者的褒封为妈祖精神增添了官方所希望的内容，这部分内容可归结为：护国庇民，助顺协正；抗侮御寇，维护统一；弘仁普济，福佑（祐）群生。而在新的历史时期，和平女神，结缘两岸等，又成了与时俱进的妈祖时代精神。

一、护国庇民，助顺协正

历代封建王朝，重视的是妈祖信仰是否有利于他们的统治。妈祖作为海上女神，传说在历代官方的海事活动中起到庇佑作用，并通过有关官员，引起最高统治者的重视。南宋莆田学者廖鹏飞的《圣墩祖庙重建顺济庙记》，记载了妈祖第一次获得皇帝赐封的经过：宋宣和四年，官员路允迪奉命出使高丽，途中遇险，船队八条船，七条相继沉没，只剩下路允迪所乘大船在浪涛中挣扎，正当此时，得女神救助。路允迪询问这位神的来历，随员禀告说，她就是湄洲的巫女林默。宋宣和五年，宋徽宗得知林默显圣事迹后，赐给"顺济"二字作为庙额称号，以感谢她救助使团的义举。明代大航海家郑和也多次感受到他的船队得到海神妈祖的呵护。传说他第一次下西洋时，在古里海面上遇到风暴，黑风暴雨打得船队东零西散，危急中郑和跪在船上高声向天妃求救。忽然，冥冥之中有一盏红灯出现在桅杆之巅，渐渐地风停雨住，海不扬波，船队安然得救。这次脱险，给郑和留下的印象极其深刻，从此每次出洋，必先到天妃庙焚香礼拜，祷之再三，方才起锚。据《瀛涯胜览》和《星槎胜览》记载，郑和七下西洋，次次均有凶险，而每次都感受到天妃显灵，方才转危为安。为此，郑和把七下西洋的伟业，首先归功于天妃。他在亲自撰写的《通番事迹之记》碑留下同样的话："天妃之神，威灵布于巨海，功德著于太常，尚矣！和等自永乐初奉使诸番，今经七次……抵于西域忽鲁谟斯等三十余国，涉沧溟十万余里。……直有险阻，一称神号，感应如响，即有神灯烛于帆樯。灵光一临，则变险为夷，舟师恬然，咸保无虞。……是以勒文于石，昭示永久焉！"妈祖的护国庇民之举，除了海上佐助救难外，出于某些官员的心理需要，还延伸到陆地之上，使之具有了助顺协正、匡扶正统的色彩。南宋丁伯桂《顺济圣妃庙记》中记载：金兵南下进犯，长驱直入，包围重镇合肥，士兵们随身携带林默香火神符上阵迎击金兵，两军交战，士兵声称见到林默现身云间，挥舞军旗，军士们更加奋勇，一举解了合肥之围。因此，南宋嘉定年间，宋宁宗赐封林默"灵惠助顺显卫妃"，表彰她助战金兵的忠义之举。此后数十年间，林默封号中屡屡出现"英烈""协正"字眼，原本以海神闻名的林默，到了南宋后期被赋予了浓厚的护国庇民、匡扶正统的儒家教化色彩。

二、抗侮御寇，维护统一

妈祖的不少传说符合各个朝代官方维护民族利益和国家统一的愿望。譬如涌泉济师、澎湖助战、庇佑制胜、神助擒寇、神助宋师、护助剿寇等。这些传说讲的都是妈祖在抗侮御寇、维护统一方面的故事。南宋真德秀《西山先生真文忠公文集·圣妃宫祝文》中记载有妈祖助真德秀剿除海盗的事，祝文中云："于唯圣灵丕赫振耀，凡航海之人，仰恃以为司命……今舟师追贼"，"唯神絷之维之，使不得遁，王师大捷，一网弗遗"。在清代妈祖档案史料汇编中也有类似记载。如《为天后效灵请御书匾额事题本》（1726年3月9日）中就有"前靖海将军施琅征服台湾之时，祷于天妃，涌泉供饮，潮水骤涨，舟师联帆直入鹿耳门，遂定台湾"之说。妈祖传说表现出来的这种精神，符合官方的需要，很自然地获得历代朝廷的认可，从而成为妈祖精神的组成部分。

三、弘仁普济，福佑群生

历代朝廷除了在妈祖精神中添加"护国""辅圣""助顺""协正"等维护统治的色彩外，还常常加入民生因素，以争取民心。历代王朝中，在发展海上漕运以及鼓励海外贸易方面，元朝政府做得比较突出。考虑到海上漕运的顺利和海上的贸易利益，元朝重视妈祖这样一尊深得民心的海神的作用。1329年由元大都派出一支进香队伍，作为"天使"，代表皇帝呈献祭文。从天津的一座妈祖庙开始，途经淮安、苏州、杭州、绍兴、温州、福州、湄洲等重要港口，终点泉州，沿途拜谒15座妈祖庙，总行程近万里，耗时半年以上。此后20多年间，如此高规格的祭祀持续了5次，大大提升了妈祖的海神地位。元政府的最后一次加封称号为"辅国护圣庇民广济福惠明著天妃"，名字之长超过以往的所有封号，添加了"庇民广济福惠"等与民众有关的内容。乾隆二年（1737）朝廷给妈祖的封号为"护国庇民妙灵昭应弘仁普济福佑群生天后"，第一次把"弘仁普济福佑群生"加入妈祖封号。"弘仁普济，福佑群生"成为清廷钦定的妈祖精神。

四、和平女神，结缘两岸

进入新的历史时期，妈祖精神也在不断发展。广大信众从妈祖信仰中挖掘出对两岸和平发展具有特殊作用的因素，在妈祖精神中赋予了"和平女神"的内涵，并以之结缘两岸。妈祖在台湾是极具影响力的一尊神。据统计台湾地区的妈祖庙有三千多座，信众达1600多万，约占全岛人口的三分之二。每年都有数万台湾同胞，前来湄洲妈祖庙祭祀，上香祈福，至今到湄洲岛妈祖祖庙朝拜的台胞已达200多万人次。特别是1997年湄洲妈祖"金身"前往台湾巡游，引起极大轰动。正是由于妈祖在台湾所具有的特殊影响力，共同的妈祖信仰成为连接海峡两岸的情感纽带，妈祖在促进海峡两岸交流发展中发挥了重要的作用，成为名副其实的"海峡和平女神"。

妈祖受到民间和官方的共同推崇，在全球各地有华侨、华人的地方具有较大的影响力，也被外国人所崇拜。妈祖信仰作为中华文化中一种很奇特的文化现象，被列入联合国《人类非物质文化遗产代表名录》，成为中国首个信俗类世界遗产。妈祖精神，作为妈祖文化的重要组成部分，千百年来既得到了民众的认同和膜拜，也得到了官方的认可和褒封；既包含有儒道释信仰的成分，也包含有巫文化的成分；既融入民间信俗文化因子，也融入中华正统文化因子。妈祖精神，作为妈祖文化的一个重要内容，是中华民族文化大花园中的一朵奇葩[pā]。

（摘自：陈天宇/文，《中华妈祖》2012年第4期。略有修改。）

附　录

一、联合国教科文组织政府间保护非物质文化遗产委员会第四次会议关于"妈祖信俗"列入《人类非物质文化遗产代表作名录》的决议

第4.COM 13.18号决议

1. **记录：中国提名的"妈祖信俗"列入《人类非物质文化遗产名录》，对该申遗对象简介如下：**

作为中国最具影响力的航海保护神，妈祖是该信俗的核心，包括口头传统、宗教仪式以及民间习俗，遍布中国的沿海地区。妈祖诞生和成长在公元10世纪的湄洲岛，她致力于帮助她的同胞乡亲，并且因为试图营救海难中的幸存者而献身。湄洲渔民为纪念这位好姑娘，在岛上建庙并奉为海神。每年都会有两次正规的庙会来纪念妈祖，届时当地居民、农民和渔夫此时都会暂时放下他们的工作，并祭献海洋动物供奉妈祖像，表演各式祭祀舞蹈和其他演出。在全球5000座妈祖

庙和私人家中，其他各类小一些规模的祭祀仪式也全年不停歇地进行着。 这些祭祀活动中包括到湄洲祖庙谒祖、分神、供献鲜花，燃蜡烛、香火和放鞭炮。晚上的时候居民会提着"妈祖灯笼"游行。信奉者们向妈祖求子、求平安、求解决困难的办法、求幸福。对妈祖的信仰和纪念已经深深融入沿海地区中国人以及他们后裔的生活，成为了促进家庭和谐、社会融洽以及该信俗的社会团体身份认同感的一个重要的文化纽带。

2. **决定：保护非物质文化遗产委员会认为，"妈祖信俗"符合被列入名录的条件，其中包括：**

条件1："妈祖信俗"被不同社会团体认可为身份认同以及连贯性的一个符号，并且数个世纪以来代代相传。

条件2：将"妈祖信俗"纳入名录将促进其作为非物质文化遗产的受瞩目度，并且提高其国际层面的受关注度，从而促进了文化多样性和人类的创造力。

条件3： 该申遗活动中包括了各种各样的现行的、计划中的措施，以确保申遗活动的切实可行性和成功概率，例如调查研究、提高关注度并建立一个保护组织，从而展示了多方对于保护申遗对象的重视和努力。

条件 4：本次申遗活动是由社会团体组织、乡村的委员会和各个妈祖庙首先发起的，他们通过提供相关的文献和文化遗产、审查提名文件的内容、接受采访以及规划保护措施等行为参与了申遗的过程；他们表现出对申遗对象自发的、事先获知、重视的同意态度。

条件5：该申遗对象已经被列入国家非物质文化遗产名录，受文化部非物质文化遗产部门的直接监管。

3.将"妈祖信俗"列入《人类非物质文化遗产名录》。

二、"妈祖信俗"列入《人类非物质文化遗产代表作名录》证书

Convention for the Safeguarding of the Intangible Cultural Heritage

United Nations Educational, Scientific and Cultural Organization

Intangible Cultural Heritage

The Intergovernmental Committee for the Safeguarding of the Intangible Cultural Heritage has inscribed

The Mazu belief and customs

on the Representative List of the Intangible Cultural Heritage of Humanity upon the proposal of China

Inscription on this List contributes to ensuring better visibility of the intangible cultural heritage and awareness of its significance, and to encouraging dialogue which respects cultural diversity

Date of inscription
30 September 2009

Director-General of UNESCO

"妈祖信俗"列入《人类非物质文化遗产
代表作名录》（证书）

保护非物质文化遗产公约

保护非物质文化遗产政府间委员会已经将中国提出的"妈祖信俗"列入《人类非物质文化遗产代表作名录》。列入这个《名录》，有助于更好地提高非物质文化遗产的重要性认识和知名度，鼓励对话，尊重文化多样性。

United Nations Educational, Scientific and Cultural Organization

Intangible Cultural Heritage

联合国教科文组织总干事　松浦晃一郎

列入时期：2009年9月30日

编后语

　　中华妈祖文化交流协会组织编写的《妈祖文化简明读本》，是一本面向大众的普及型通俗读物。读本各章节采用"文字叙述＋插图＋延伸阅读"的结构形式，旨在满足不同层面的读者需求。文字叙述部分突出介绍妈祖文化常识，并配上相应图片，力求达到图文并茂、通俗易懂；延伸阅读部分是在妈祖文化常识的基础上，再扩大一些相关知识容量，针对的是探究型、提高型的读者。"学妈祖文化，当妈祖传人"，期盼此书能成为各地开展妈祖文化教育的普及性且具有一定权威性的参考教材。

　　《妈祖文化简明读本》的顺利出版，是有关部门、领导、学者集体劳动的成果。感谢福建省委外宣办、莆田市各部门的大力支持，感谢全体编纂人员的辛勤付出；感谢郑世雄先生为本书提供了部分学术材料；感谢王金煌先生、杨云鹏等先生参与本书前期审稿工作；感谢各地妈祖信众为本书提供相关照片资料。本书在编纂过程中，主要参考了《妈祖信仰史研究》（徐晓望）、《湄洲妈祖志》（湄洲妈祖祖庙董事会）、《妈祖文化旅游研究》（莆田学院）等相关资料，在此也向原著作者谨致谢忱。

妈祖文化博大精深、内容丰富，远非这样一本《妈祖文化简明读本》所能涵盖和包容。尽管我们秉承"妈祖精神"，几易书稿，力求精品，但因初次尝试编著这类读本，加上内容出于多位编者之手，水平容有参差，书中疏漏之处，尚希广大读者和妈祖信众补充指正，俾使将来修订再版，更臻完善。

编　者

2014年9月

图书在版编目（ＣＩＰ）数据

妈祖文化简明读本 / 林国良主编 --福州：海风出版
社，2014.12
ISBN 978-7-5512-0174-2

Ⅰ．①妈… Ⅱ．①林…Ⅲ．① 神-文化－基本知
识-中国 Ⅳ．①B933

中国版本图书馆CIP数据核字(2014)第273675号

妈祖文化简明读本

林国良　主编

责任编辑：狄大伟

封面设计：许邮

出版发行：海风出版社

（福州市鼓东路187号　邮编：350001）

印　　刷：福州华悦印务有限公司

印　　刷：福州华悦印务有限公司

开　　本：787×1092 毫米　　1/16

印　　张：21.5印张

字　　数：300千字　　图：128幅

印　　数：1-3000册

版　　次：2014年12月第1版

印　　次：2014年12月第1次印刷

书　　号：ISBN 978-7-5512-0174-2

定　　价：158.00元